THÉATRE DE L'OPÉRA.

LE
JUIF ERRANT

PRIX : 1 FRANC.

PARIS
BRANDUS et Cie, Éditeurs.

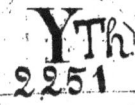

BRANDUS ET Cie,

ÉDITEURS,

Successeurs de Maurice SCHLESINGER et de E. TROUPENAS et Cie,

Rue Richelieu, 105.

BIBLIOTHÈQUE DRAMATIQUE.

PARTITIONS DE PIANO ET CHANT.

FORMAT IN-8°.

Prix net

Compositeur	Œuvre	Prix
ADAM.	Giralda	15 »
—	Le Postillon de Lonjumeau	8 »
AUBER.	Actéon	8 »
—	L'Ambassadrice	12 »
—	La Barcarolle	12 »
—	La Bergère châtelaine	8 »
—	Le Cheval de Bronze	12 »
—	Le Dieu et la Bayadère	12 »
—	Les Diamants de la couronne	12 »
—	Le Domino noir	12 »
—	Le Duc d'Olonne	12 »
—	La Fiancée	12 »
—	Fra Diavolo	12 »
—	Haydée	12 »
—	Lestocq	12 »
—	La Muette de Portici	15 »
—	La Muta di Portici (en italien)	20 »
—	La Neige	8 »
—	La Part du Diable	12 »
—	Le Philtre	12 »
—	Le Serment	12 »
—	La Sirène	12 »
—	Zanetta	12 »
—	Zerline	15 »
BACH (J.-S.)	La Passion	10 »
BAZIN (F.)	Le Trompette de Monsieur le Prince	7 »
BEETHOVEN.	Fidelio	7 »
BELLINI.	La Sonnambula	10 »
CHERUBINI.	Les Deux journées	8 »
—	Lodoïska	8 »
DEVIENNE.	Les Visitandines	7 »
DONIZETTI.	La Favorite	15 »
GLUCK.	Iphigénie en Tauride	7 »
—	Iphigénie en Aulide	7 »
GRÉTRY.	Richard-Cœur-de-Lion	7 »
HALÉVY.	Dame de Pique (la)	15 »
—	L'Éclair	8 »
—	La Fée aux Roses	15 »
—	Les Mousquet. de la Reine	15 »
—	Le Val d'Andorre	15 »
—	Tempesta (la)	12 »
HÉROLD.	Le Pré aux Clercs	12 »
LOUIS (N.)	Marie-Thérèse	15 »
MENDELSSOHN.	Paulus (Conversion de saint Paul)	8 »
—	Élie, oratorio	8 »
MEYERBEER.	40 Mélodies à 1 et à 2 v.	12 »
—	Il Profeta, en italien	20 »
—	Roberto il Diavolo, id.	20 »
—	Gli Ugonotti, id.	20 »
NICOLAI.	Il Templario	8 »
NICOLO.	Cendrillon	8 »
—	Jeannot et Colin	8 »
—	Joconde	8 »
—	Les Rendez-vous bourgeois	7 »
ROSSINI.	Le Comte Ory	12 »
—	Guillaume Tell	20 »
—	Robert Bruce	15 »
—	Moïse	15 »
SACCHINI.	Œdipe à Colone	7 »
WEBER.	Freischütz, a. récit. de Berlioz	10 »
—	Euriante	8 »
—	Obéron	8 »

GRAND FORMAT ORDINAIRE.

Paroles françaises.

ADAM.	Le Mal du pays	net. 7 »
—	Le Postillon de Lonjumeau	net. 12 »
AUBER.	Actéon	net. 20 »
—	L'Ambassadrice	net. 30 »
—	L'Enfant prodigue	net. 40 »
—	Le Dieu et la Bayadère	net. 30 »
—	Le Domino noir	net. 30 »
—	Gustave ou le Bal masqué	net. 30 »
—	Le Lac des Fées	net. 40 »
—	La Muette de Portici	net. 30 »
—	La Neige	net. 12 »
—	Le Philtre	net. 60 »
—	Le Serment ou les faux Monnayeurs	net. 60 »
—	Zanetta	net. 30 »
BEETHOVEN.	Fidelio	net. 40 »
BELLINI.	Norma	net. 12 »
BERTIN (mademois.).	Esméralda	net. 40 »
BOURGES.	Sultana	net. 15 »
DONIZETTI.	La Favorite	net. 40 »
GLUCK.	Alceste	36 »
—	Armide	36 »
—	Iphigénie en Aulide	36 »
—	Iphigénie en Tauride	36 »
—	Orphée	36 »
HALÉVY.	Charles VI	net. 40 »
—	L'Éclair	net. 50 »
—	Guido et Ginevra	net. 40 »
—	Le Guitarrero	net. 30 »
—	La Juive	net. 40 »
—	Le Lazzarone	net. 30 »
—	La Reine de Chypre	net. 40 »
KREUTZER.	La Mort d'Abel	36 »
MEYERBEER.	Les Huguenots	net. 40 »
—	Le Prophète	net. 40 »
—	Robert-le-Diable	net. 40 »
ROSSINI.	Le comte Ory	net. 30 »
—	Guillaume Tell	net. 40 »
—	Moïse	net. 30 »
—	Le Siège de Corinthe	net. 30 »
—	Stabat Mater	net. 25 »
SACCHINI.	Dardanus	36 »
—	Œdipe à Colone	36 »
SPONTINI.	Olympie	net. 20 »
WEBER.	Robin des Bois, paroles françaises et allemandes	net. 40 »
WEIGL.	Emmeline	net. 40 »
WINTER.	Le Sacrifice interrompu	net. 10 »

Paroles italiennes.

BEETHOVEN.	Fidelio	net. 10 »
BELLINI.	Norma	net. 10 »
—	Il Pirata	net. 10 »
—	La Straniera	net. 10 »
DONIZETTI.	Adelia	net. 12 »
—	La Favorita	net. 40 »
MERCADANTE.	Elisa e Claudio	net. 10 »
—	Il Giuramento	net. 10 »
—	La Vestale	net. 10 »
MEYERBEER.	Il Crociato	net. 10 »
—	Margarita d'Anjou	net. 10 »

Compositeur	Œuvre	Prix
MOZART.	Collection d'airs, duos, trios, etc.	net. 10 »
—	La Clemenza di Tito	net. 10 »
—	Cosi fan tutti	net. 10 »
—	Don Giovanni	net. 10 »
—	Il Flauto magico	net. 10 »
—	Idomeneo	net. 10 »
—	L'Impressario et le Requiem	net. 10 »
—	Le Nozze di Figaro	net. 10 »
—	Il Ratto del Seraglio	net. 10 »
ROSSINI.	Il Barbiere di Siviglia	net. 10 »
—	Semiramide	net. 10 »
—	Tancredi	net. 10 »
—	Zelmira	net. 10 »
SPOHR.	Fausto	net. 10 »
WEBER.	Oberon	net. 10 »
—	Il Franco arciero (Freischütz)	net. 10 »

PARTITIONS POUR LE PIANO SEUL.

Compositeur	Œuvre	Prix
AUBER.	La Muette de Portici, in-8	net. 10 »
—	La Part du Diable, in-8	8 »
—	Le Domino noir, in-8	net. 8 »
—	Haydée, in-8	8 »
BERLIOZ.	Symphonie fantastique	net. 20 »
BELLINI.	Norma	24 »
—	Il Pirata	20 »
—	Straniera	20 »
DONIZETTI.	Anna Bolena	24 »
—	Belisario	24 »
—	La Favorite	net. 25 »
HALÉVY.	Guido et Ginevra	net. 25 »
—	Charles VI	net. 25 »
—	La Juive	net. 25 »
—	La Reine de Chypre	net. 25 »
—	Les Mousquetaires de la Reine, in-8	net. 8 »
—	Le Val d'Andorre, in-8	net. 8 »
—	La Fée aux Roses, in-8	net. 8 »
HÉROLD.	Le Pré aux Clercs, in-8	net. 8 »
MEYERBEER.	Il Crociato	24 »
—	Les Huguenots	net. 25 »
—	Robert-le-Diable	net. 25 »
—	Le Prophète, in-8	net. 8 »
MOZART.	Don Giovanni	20 »
—	Nozze di Figaro	20 »
ROSSINI.	Le Comte Ory	net. 15 »
—	Guillaume Tell	net. 25 »
—	Stabat Mater	20 »
WEBER.	Oberon	24 »
—	Robin des Bois	24 »

PARTITIONS POUR LE PIANO A 4 MAINS.

Compositeur	Œuvre	Prix
DONIZETTI.	La Favorite	net. 25 »
HALÉVY.	La Juive	net. 25 »
MEYERBEER.	Robert-le-Diable	net. 25 »
—	Les Huguenots	net. 25 »
—	Le Prophète	net. 25 »
ROSSINI.	Le Stabat Mater	net. 20 »

LE
JUIF ERRANT.

PERSONNAGES.	ACTEURS.
ASHVÉRUS (*le Juif Errant*)	M. MASSOL.
NICÉPHORE, Empereur d'Orient	M. OBIN.
LÉON, descendant d'Ashvérus	M. ROGER.
L'ANGE EXTERMINATEUR	M. CHAPUIS.
LUDGERS, chef de bandits	M. DEPASSIO.
MANOEL, premier bandit	M. CANAPLE.
ANDRONIC, deuxième bandit	M. GUIGNEAU.
JEAN, troisième bandit	M. NOIR.
ARBAS, quatrième bandit	M. GOYON.
LE GUETTEUR DE NUIT	M. MERLY.
UN OFFICIER DU PALAIS	M. LYON.
UN SEIGNEUR	M. MOLINIER.
UN AUTRE SEIGNEUR	M. DONZEL.
THÉODORA, batelière sur l'Escaut, sœur de Léon	Mme TEDESCO.
IRÈNE, fille de Baudoin, comte de Flandre, descendante aussi d'Ashvérus	Mlle EMMY LAGRUA.
UNE DAME D'HONNEUR	Mlle PETIT BRIÈRE.

Seigneurs et dames de la ville d'Anvers. — Peuple de la ville d'Anvers. — Malandrins et mauvais garçons. — Marchands et marchandes, brabançons. — Seigneurs et dames de la cour de l'empereur Nicéphore. — Peuple de Thessalonique. — Peuple de Constantinople. — Muets. — Almées. — Esclaves. — Gardes de l'Empereur. — Dame de l'Impératrice Irène. — Ange. — Démons. — Élus. — Damnés, etc., etc

(LA SCÈNE SE PASSE EN 1190.)

CHANT.

Coryphées — MM. Noir, Donzel, Goyon.
Premiers dessus. — Mes Duclos, Montellier, Sèvres, Proche, Morlot, Garridot, Adam, Berger, Lemarre, Marcus Mariette, Jobert, Prély, Albertini, Hirschler, Courtois, Odot, Rémy, Garde, Bertin, Esther, Camille, Bréchon, Lefèvre.
Seconds dessus. — Mes Printemps, Baron, Tuffeau, Jacques, Tissier, Villers, Vaillant, Gheringhelli, Colomb, Charpentier, Gouffier, Blanche, Bournay, Déjazet, Orelle, Cusse, Kontzag.
Enfants. — Crisy, Jorris, Beaumont, Guidon, Vaillant, Favereau, Létang, Guffroy, Laurent.
Premiers ténors. — MM. Chazotte, Schneider, Louvergne, Caraman, Cresson, Desdet, Bresnu, Laissement, La Forge, Picardat, Gousson, Sanson, Marty.
Second ténors. — MM. Donzel, Robert, Foy, Soros, Olen, Marin, Laborde, Couteau, Dauger, Jourdan, Meunier.
Premières basses. — MM. Hens, Noir, Montmaud, Hano, Canaple, Beaucourt, Cazeaux, Hennon.
Secondes basses. — MM. Goyon, Georget, Ducellier, Mouret, Beziat, Poppé, Eugène, Boussagol, Marjollet, Barberteguy, Doutreleau, Menoud, Esmery, Bauzil.

Mise en scène de M. LEROY.

DÉCORATIONS.

1er Acte.	MM. NOLO et RUBÉ.
2e Acte.	MM. SÉCHAN et DIETERLE.
3e Acte.	M. CAMBON.
4e Acte.	M. THIERRY.
5e Acte.	M. DESPLÉCHIN.

Divertissements de M. SAINT-LÉON.

Paris. — Imprimerie de L. MARTINET, rue Mignon, 2.

LE
JUIF ERRANT

OPÉRA EN 5 ACTES,

PAROLES DE

MM. SCRIBE ET DE SAINT GEORGES,

MUSIQUE DE

F. HALÉVY.

Représenté pour la première fois à Paris sur le théâtre de l'Opéra,

LE 23 AVRIL 1852.

PARIS.
BRANDUS ET Cie, ÉDITEURS,
RUE RICHELIEU, 103.

MADAME VEUVE JONAS,
LIBRAIRE DE L'OPÉRA.

DANSE.

PAS DES ESCLAVES AU DEUXIÈME ACTE.

Quatre esclaves : Mesdemoiselles Pierron, Nathan, Marquet, Mathilde.
Seize esclaves : Mesdemoiselles Rousseau, Jendron, Danse, Villier, Carabin, Lefèvre, Simon, Feneux, Toutain, Genti, Dedieu, Laurent, Cretin 1re, Maupérin 1re, Delauneux, Danfeld.
Deux esclaves : Mesdemoiselles Nella, Poussin.

PAS DES ABEILLES AU TROISIÈME ACTE.

La reine des abeilles : Mademoiselle Taglioni.
Abeilles : Mesdemoiselles Legroux, Quéniaux, Ragdanoff.
Un berger : M. Mérante.
Abeilles : Mesdemoiselles Rousseau, Danse, Villier, Feneux, Carabin, Toutain, Cassegrain, Chambret, Jendron, Guimard, Tassin, Maupérin, Genti, Dedieu, Cretin, Thèse, Succi, Adèle, Heckmann 2e, Laurent, Vibon, Simon, Dujardin, Ader, Danfeld, Lefèvre, Gaujelin, Hénecart, Révolte, Buisson, Mathé, Navarre.

PREMIER ACTE.

Une petite fille : Mademoiselle Dusimetière.
Un pêcheur : M. Caron.
Deux chefs de brigands : MM. Pissarello, Monfallet.
Quatre seigneurs flamands : MM. Faucher, Fanzago, Domange, Bion.
Peuple dansant (Flamands) : MM. Mazillier, Levavasseur, Durand, Herbin, Friant, Salvatelle, Vandris, Whiétoff, Gredelue, Mirmont, Lévi, Charansonnet.
Peuple dansant (Flamandes) : Mesdemoiselles Chambrel, Danfeld, Lefèvre, Thèse, Mathé, Révolte, Cassegrain, Simon, Laurent, Stucci, Gaujelus, Marchine.

DEUXIÈME ACTE.

Six seigneurs byzantins : MM. Petit, Lefèvre, Fanzago, Faucher, Domange, Bion.
Huit nègres muets : MM. Fangès, Gredelue, Lévy, Estienne, Durand, Salvatelly, François 1er, François 2e.
Peuple byzantin : MM. Charansonnet, Lagrou, Caron, Raimon, Duhamel 1er, Duhamel 2e, Barbier.
Peuple byzantin : Mesdemoiselles Gondard, Nathan, Runeau, Giraud, Jolly, Delauney, Domange, Deveaux, Salomon, Lamy, Heckmann 3e, Dusimetière, Cretin 2e, Nella, Cracovie, Poussin, Maupérin 2e, Michallet, Alvarez, Pagel, Minne, Z. Jourdain, Ynemer, Marchine, Ader, Lebaigle, Royer, Delion, Dehaspe, Mignard, Gallois, Vibon, Jourdan, Buisson, Dujardin, Loyer, Lefèvre.

TROISIÈME ACTE.

Deux sénateurs : MM. Carré, Lefèvre.
Peuple byzantin : Mesdemoiselles Giraud, Pages, Minne, Gondard, Jourdan, Ynemer, Dusimetière, Lamy, Poussin, Cracovie, Gallois, Alvarez, H. Lefèvre, Loyer, Salomon, Z. Jourdain, Michallet, Cretin 2e, Heckmann 3e, Maupérin 2e, Mignard, Boyer, Lebaigle, Dehaspe, Delauneux, Deveau, Jolly, Motheux, Duneau, Delion.
Six dames de cour : Mesdemoiselles Boyer, Mignard, Lebaigle, Delauneux, Delion, Jolly.
Jeunes filles portant des fleurs : Mesdemoiselles Gondard, Salomon, Minne, Loyer, Jourdain, Giraud, Alvarez, Pages, H. Lefèvre.

QUATRIÈME ACTE.

L'ange exterminateur : M. Petit.

CINQUIÈME ACTE.

Huit anges : Durand, Lefèvre, Gœthal, Levavasseur, Petit, Néethof, Salvatelly, Domange.
Satan : M. Carré.
Suite de Satan : MM. Rion, Fondzago.
Sept petits diables : Charansonnet, Lagrere, Raymond, Duhamel 1er, Duhamel 2e, Caron, Borleur.
Huit diables (clowns) : Hens, Delhomme, Ferret, André, Ernest, Saqui, Ferrand, Gilet.
Suite des diables : MM. Friand, Mirmont, Herbin, Fargès, Darcourt, Levy, Monfollet, Sciot, Fauchet, Pessarello, François 1er, François 2.
Élus sortant des tombeaux : Mesdemoiselles Lebaigle, Delanneux, Royer, Mignard, Gredelu, Estienne, Delion, Runeau, Mignard, Motheux, Debaye, Jolly, Royer, Alvarez, Vandris, Millot, Mazillier.
Suite des élus : Mesdemoiselles Vibon, Jourdan, Revolte, Thèse, Ader, Mathé, Heckmann 2e, Ennecart, Stuie, Chassagne, Gallois, Gaugelin, Lefevre, Laurent, Giraud, Buisson, Gondterd, Marchive, Nime, Dujardin, Salomon, Ynemer, Navarre, Z. Jourdain, Dusimetière, H. Lefèvre, Loyer, Michallet, Domange, Nella, Poussin, Mauperin 2e, Lamy, Heckmann 3e, Crelu 2e.

LE JUIF ERRANT.

ACTE PREMIER.

Le théâtre représente un faubourg de la ville d'Anvers en 1190. Au fond, à droite, les bords de l'Escaut couverts de vaisseaux dont on aperçoit les mâts. A droite et à gauche, sur les premiers plans, des boutiques de différents métiers. Au fond, les portes de la ville et les remparts. Au dehors, la campagne bordée de quelques falaises.

C'est un jour de Kermesse : Paysans flamands et Paysannes des environs; Seigneurs, Grandes dames, Bourgeois et Bourgeoises de la ville, en habits de fête, couvrent la place et encombrent les boutiques. A gauche, la foule est arrêtée devant une estrade de bateleurs, ayant pour enseigne un tableau du Juif Errant. Des Bohémiens et des Bohémiennes dansent sur la place.

SCÈNE Ire.

CHOEUR.

C'est jour d'allégresse,
De grande liesse,
C'est de la kermesse
Le plus beau moment!
La fête nouvelle,
Où l'on vous appelle,
Sera la plus belle
De tout le Brabant!

UNE MARCHANDE, aux chalands.

Nobles dames et bourgeois,
Venez; faites votre choix.

DEUXIÈME MARCHANDE.

J'ai toujours l'honneur de vendre
A la comtesse de Flandre!

TROISIÈME MARCHANDE.

Achetez, pour vos amours,
Des bijoux, de beaux atours!

TOUTES TROIS (ensemble).

Achetez, pour vos amours,
Des bijoux, de beaux atours!

CHOEUR GÉNÉRAL.

C'est jour d'allégresse,
De grande liesse,
C'est de la kermesse
Le plus beau moment!
Etc., etc.

En ce moment, THÉODORA et son frère LÉON, enfant de 10 ans, sortent de leur maison. Tous les deux se tiennent debout, chacun appuyé sur une rame. Des SEIGNEURS aperçoivent THÉODORA, et se la montrent les uns aux autres.

TROIS SEIGNEURS, regardant Théodora.

De la ville d'Anvers c'est la belle passeuse!
Elle et son jeune frère, empressés au travail!

THÉODORA, aux seigneurs.

C'est moi qui tiens la rame, et lui le gouvernail;
Et je serais, messeigneurs, trop heureuse,
Si ma barque pouvait vous passer sur l'Escaut,

LES TROIS SEIGNEURS.

Non pas en ce moment, mais ce soir!...

THÉODORA, leur faisant la révérence.

A tantôt!

SCÈNE II.

LES PRÉCÉDENTS; un groupe de matelots, venant de débarquer, s'élance joyeux du quai sur la place.

CHŒUR DE MATELOTS.

Après combats et travaux,
Sur les flots,
Vive pour les matelots
Le repos!
Envoyons aux noirs requins
Les chagrins!
Changeons de vins et d'amours
Tous les jours!

THÉODORA, à Léon.

C'est moi qui dois veiller, mon frère, sur ta vie,
Et t'assurer des jours heureux!
Va goûter le repos, va; ta tâche est finie;
Je travaillerai pour tous deux!

LES MATELOTS, admirant Théodora.

La batelière est accorte et jolie!

LES SEIGNEURS.

Nous raffolons de ses beaux yeux!

REPRISE GÉNÉRALE DU PREMIER CHŒUR.

C'est jour d'allégresse,
De grande liesse,
Etc., etc.

UN SEIGNEUR, regardant à gauche le grand tableau qui est devant la porte des bateleurs.

[maintien

Mais quel est ce beau cadre?... et cet homme au
Triste et fatal?... qui sait le nom de ce chrétien?

THÉODORA.

C'est un Juif!...

SEIGNEURS, répétant.

C'est un Juif?...

LES MATELOTS, à Théodora l'interrogeant.

Dont tu connais l'histoire?

THÉODORA.

Qui ne connaît le Juif Errant?
Mon aïeul en avait conservé la mémoire,
Et nous en parlait bien souvent!

LES MATELOTS, se groupant autour d'elle.

En vérité?...

THÉODORA, cherchant à rappeler ses souvenirs.

Bien plus... au sein de ma famille,
On disait que depuis mille ans,
Nous étions tous ses descendants,
Par Noéma sa fille!

TOUS LES MATELOTS, avec curiosité et intérêt.

Parle! Voilà pour nous des récits amusants!
Des matelots, à bord, c'est le seul passe-temps!

THÉODORA.

BALLADE.

1ᵉʳ COUPLET.

Pour expier envers lui ses outrages,
Dieu le condamne à ne pouvoir mourir!...
Jusqu'à la fin des mondes et des âges,
Dieu le condamne à vivre pour souffrir.
Pendant un quart d'heure,
C'est l'arrêt de Dieu,
A peine il demeure
Dans le même lieu!
Un ange invisible,
L'ange du Très Haut,
D'une voix terrible
Lui crie aussitôt:
Marche! marche! marche toujours!
Sans vieillir, accablé de jours!...
Marche! marche toujours!...

CHŒUR, répétant.

Marche! marche!..., etc.

THÉODORA.

2ᵉ COUPLET.

Toujours errant, quand le soleil se lève,
Errant encor, lorsque fuit le soleil,
Point de bonheur pour lui!.. pas même en rêve!..
Jamais ses yeux n'ont connu le sommeil!
Oui, tout passe et tombe,
Chaumière et palais,
Et pour lui la tombe
Ne s'ouvre jamais!
Un ange invisible,
L'ange du Seigneur,
D'une voix terrible
Répète au pécheur:
Marche! marche! marche toujours!
Sans vieillir, accablé de jours!
Marche! marche! marche toujours!

CHŒUR, répétant.

Marche! marche! marche toujours!
Sans vieillir, accablé de jours!
Marche! marche! marche toujours!!!

ACTE I.

SCÈNE III.

La nuit est venue par degré, pendant la ballade. Une escouade de la garde urbaine, commandée par un officier, s'avance sur la place, tandis que l'on entend sonner au loin le couvre-feu.

L'OFFICIER, à la foule qui l'entoure.

De par le bourguemestre,
De par nos échevins,
Fermez porte et fenestre !
Que les feux soient éteints !
C'est l'heure du repos,
C'est l'heure du huis clos !

CHŒUR DE FEMMES.

De par le bourguemestre,
De par nos échevins,
Fermons porte et fenestre,
Que les feux soient éteints !

L'OFFICIER.

Aux pieds seuls de la Vierge,
Nous permettons un cierge,
Dans l'ombre de la nuit !
Boutiques et tavernes,
Éteignez vos lanternes !
Point de chant ! point de bruit !

CHŒUR GÉNÉRAL, à voix basse.

De par le bourguemestre,
De par les échevins,
Fermez porte et fenestre,
Que les feux soient éteints !
C'est l'heure du repos !
C'est l'heure du huis clos !   [clos !]
Chez nous, ô bons bourgeois, chez nous, tenons-nous

La foule se retire silencieusement, en répétant le refrain du couvre-feu, qui se perd dans le lointain.

SCÈNE IV.

A ce moment, l'orage gronde, et au milieu d'une obscurité profonde une lueur fantastique brille sur les remparts de la ville... et l'on voit ASHVÉRUS, marchant appuyé sur son bâton. Il traverse lentement les remparts, et disparaît.

SCÈNE V.

Après le départ d'ASHVÉRUS, une bande de Malandrins, de Routiers et de mauvais Garçons, s'élance de tous côtés sur la place déserte de la ville, et un groupe s'empare du milieu de la place, tandis que d'autres Malandrins en gardent les issues.

CHŒUR DE MALANDRINS ET DE MAUVAIS GARÇONS.

Au loin, tremblez tous !
La rue est à nous !
Enfants de la nuit,
L'ombre nous sourit ;
Sitôt qu'elle vient,
Tout nous appartient !
La Justice dort !
L'honnête homme a tort !
Nous sommes chez nous !
La rue est à vous !

Trois autres Malandrins accourent ; l'un d'eux tient à la main une épée nue, l'autre un coffret sous son bras, et le troisième un jeune enfant caché sous son manteau.

ENSEMBLE (tous trois).

Dames en litière,
Ou seigneurs à pié,
A vous tous, la guerre !
Guerre sans pitié !
Beaux joueurs de dés,
Bourgeois attardés,
Ni paix, ni merci,
Nous voici !

CHŒUR GÉNÉRAL.

La ville est à nous !
Au loin tremblez tous !
Etc., etc.

Tous les Malandrins ont entouré les trois derniers venus, et les interrogent sur leur expédition.

SCÈNE VI.

LES PRÉCÉDENTS ; LUDGERS, paraissant au fond.

TOUS, se retournant vers lui.

C'est Ludgers, notre chef !...

LUDGERS, d'un air agité.

..... Notre perte est jurée !...

S'adressant aux trois derniers arrivés,

Cette dame en litière... et par vous massacrée,..

LES TROIS, d'un air farouche.

Tant pis pour elle !...

LUDGERS.

..... Eh ! non !... tant pis pour nous !... C'était
La comtesse de Flandre !...

TOUS.

..... O ciel !...

LUDGERS.

....Elle partait
Pour rejoindre Baudoin, son époux, notre maître,

Empereur d'Orient!... *(Montrant le coffret)* Ces titres,
Sont les siens !... [ces bijoux],

Montrant l'enfant qu'un des bandits vient de poser sur une pierre, et qui s'est endormi.

... Cet enfant, c'est sa fille !...

LES TROIS MALANDRINS.

... Par nous,
Et pour notre salut, il faut qu'elle périsse !

CHŒUR.

Une future impératrice !

LES TROIS MALANDRINS.

Bah ! Qu'importe !... A nous l'or !... et l'enfant
A Satan !!

REPRISE DU CHŒUR.

La ville est à nous !
Au loin tremblez tous !
Enfants de la nuit,
L'ombre nous sourit !
Etc., etc.

Pendant le chœur tous les bandits se disputent le coffret. Ils ont mis l'épée ou le poignard à la main, et vont se battre entre eux. Le tonnerre gronde et les éclairs brillent.

LUDGERS, *levant sa hache.*

C'est à moi, votre chef !... à moi seul ce coffret !

PREMIER BANDIT.

C'est à moi !...

LUDGERS.

... De quel droit ?...

PREMIER BANDIT.

... Du droit de mon forfait !
J'ai frappé sans miséricorde
La comtesse !...

LUDGERS, *montrant l'enfant.*

... Eh ! bien, je t'accorde
Le droit de frapper son enfant !

PREMIER BANDIT.

Grand merci d'un pareil présent !
Mais je le cède, en ma reconnaissance,
A qui voudra le prendre !...

SCÈNE VII.

LES PRÉCÉDENTS ; ASHVÉRUS, *paraissant par la gauche, au bruit du tonnerre, et à la lueur des éclairs qui redoublent.*

ASHVÉRUS, *se plaçant entre les bandits et l'enfant, et étendant la main sur lui.*

... Je le prends !!

CHŒUR DES BANDITS.

D'épier nos secrets qui donc a l'imprudence ?
A lui la mort !... La mort pour récompense !

ASHVÉRUS.

Ah ! plût au ciel !...

CHŒUR.

... Sous nos poignards sanglants
Qu'il tombe !...

Les bandits se précipitent sur lui, le frappent, et s'arrêtent stupéfaits.

... Dans nos mains la lame s'est brisée !

ASHVÉRUS, *avec douleur.*

Le ciel, qui me châtie, est plus cruel que vous !

LUDGERS.

Nous verrons s'il saura résister à mes coups !...
Et ma hache, par moi fraîchement aiguisée...

Il lève sa hache sur le Juif, et la hache se brise en éclats.

TOUS *poussent un cri d'effroi et le regardent en tremblant.*

Qui donc es-tu ?...

Ashvérus, sans leur répondre, découvre sa tête, et leur montre le signe sanglant dont est marqué son front.

LUDGERS.

... Ce signe !... O ciel !... Le Juif Errant !!!

ASHVÉRUS, *aux bandits.*

Du Dieu, dont la colère
Réduit tout en poussière,
Redoutez la fureur !...
Il punit qui blasphème...
Voyez-le par moi-même...
Malheur sur moi, malheur !

CHŒUR, *avec effroi.*

Je sens trembler la terre
Sous la sainte colère!
C'est le Juif !... O terreur !
Du terrible anathème
Dieu punit le blasphème
Malheur sur lui, malheur !

} ENSEMBLE.

Sur un geste d'Ashvérus, ils s'enfuient tous épouvantés. La place est déserte. Ashvérus se trouve seul près de la pierre où repose l'enfant.

SCÈNE VIII.

ASHVÉRUS, *seul, les regardant fuir.*

RÉCITATIF.

Ils partent, frappés de terreur !
Comme moi, poursuivis du bras d'un Dieu vengeur !...

ACTE I.

Ils partent !...

Montrant la jeune fille qui dort.

Oubliant jusqu'à ce trésor même...
Indifférent pour eux, mais non pas pour mon cœur !

Regardant alternativement l'enfant qui est couché à gauche, sur la pierre, et la maison de Théodora, qui est placée à droite du théâtre, sur le premier plan.

Derniers restes d'un sang proscrit par l'anathème !
D'un sang qui fut le mien, du sang de Noéma,
Quel arrêt de Dieu même ici vous rassembla ?
Deux filles !... qu'au malheur voua la destinée !...

Regardant la maison de Théodora.

L'une au travail...

Regardant l'enfant.

Et l'autre au trône condamnée !

S'approchant de l'enfant.

AIR.

Ah ! sur ton front de rose,
Mon pauvre et bel enfant,
Que mon œil se repose,
Hélas ! un seul instant !
De la fille que j'aime
Cher et **doux** souvenir,
Que l'éternité même
Ne pourra pas bannir !

Regardant la jeune fille avec tendresse.

Ta vue est pour mon cœur
La source désirée,
Dont ma bouche altérée
Implore la fraîcheur !
Ah ! sur ton front de rose,
Mon pauvre et bel enfant,
Que mon œil se repose,
Hélas ! un seul instant !

SCÈNE IX.

ASHVÉRUS, *à gauche;* THÉODORA *venant du port, et se dirigeant vers sa maison à droite.*

ASHVÉRUS (*poussant un cri de joie*).

Théodora !... qu'ici le ciel m'envoie !...

Faisant quelques pas vers elle, et se soutenant à peine.

Ah ! malgré moi, je cède... à mon trouble... à ma joie !

DUO.

THÉODORA, *l'apercevant.*

Un pauvre voyageur !...

ASHVÉRUS.

Errant et misérable !...

THÉODORA, *le regardant.*

Que brise la fatigue...

ASHVÉRUS.

.... Et que la soif accable !

Théodora entre un instant dans sa maison, et en ressort tenant un verre d'eau qu'elle offre à Ashvérus.

THÉODORA.

Tenez !... Tenez !... buvez !...

ASHVÉRUS, *à part.*

..... O remords !... O douleur !
Cette eau !... Par moi, jadis, refusée au Sauveur !

A part, et jetant le verre d'eau sans que Théodora le voie.

Non, je ne boirai pas !...

Rendant le verre à Théodora.

... Merci, merci ma fille !

La regardant, ainsi que l'enfant.

O mon seul bien sur terre !... O ma seule famille !

THÉODORA, *lui montrant la maison.*

Entrez en mon logis...

ASHVÉRUS.

... Je ne puis m'arrêter !
Un seul quart d'heure, à peine, ici je puis rester !

THÉODORA, *le regardant avec émotion.*

Qu'ai-je entendu ?...

ASHVÉRUS.

Rien ne suspend des heures
L'impitoyable cours !
Heureuse, tu demeures !
Moi, je marche toujours !
La voix que je redoute
Bientôt va retentir,
Me traçant une route
Qui ne doit pas finir !

THÉODORA, *le regardant toujours.*

Eh ! quoi... Pour lui... des heures
Rien ne suspend le cours !
Et loin de nos demeures
Il doit marcher toujours !
Aveu que je redoute,
Et qui me fait frémir...
C'est lui... C'est lui sans doute !
Il vient de se trahir !

ENSEMBLE.

THÉODORA, *étendant les bras vers lui.*
Mon père !...

ASHVÉRUS.
..... C'est toi qui l'as dit !
Oui, ce chef de ta race... un proscrit !.. un maudit !
A qui, depuis mille ans, la colère céleste
N'a permis qu'un bonheur... celui de t'embrasser !

THÉODORA, *courant dans ses bras.*
Mon père !...

ASHVÉRUS.
... Le temps vole, et je dois me presser !
Remettant l'enfant dans les bras de Théodora.
D'un sang royal voici le dernier reste !
Cet enfant... je le livre à tes soins, à ta foi !
Veille sur lui..., je veillerai sur toi !...
Adieu !...

THÉODORA.
... Restez encor !... Restez auprès de moi !
On entend dans les cieux une musique d'un caractère imposant et terrible.

ASHVÉRUS.
Eh ! ne l'entends-tu pas,
Cette voix terrible et fatale ?...
Ah ! que ne puis-je encor, vous pressant dans mes bras,
Lui montrant l'enfant,
Vous bénir toutes deux !...
Se sentant repousser loin de Théodora par une force invisible,
... Mais Dieu ne le veut pas !
De ce noir tourbillon l'invincible raffale
Emporte loin d'ici ma douleur et mes pas !

ASHVÉRUS.
L'éclair rayonne !
La foudre tonne
En longs éclats !
Ma force est vaine,
Le vent entraîne
Au loin mes pas !
Fille chérie,
Tu m'es ravie !
Il faut partir !
O loi cruelle !
Peine éternelle !
Toujours souffrir !
Jamais mourir !

THÉODORA.
L'éclair rayonne !
La foudre tonne
En longs éclats !
Sa force est vaine,
Le vent entraîne
Au loin ses pas !
Prenant l'enfant.
Fille chérie,
A toi ma vie,
Mon avenir !
A Ashvérus.
Veille sur elle...
Ma voix t'appelle,
Pourquoi partir
Sans nous bénir ?

ENSEMBLE (au milieu de la foudre et des éclairs).

Le ciel est en feu. — La foudre éclate. — La trompette céleste retentit. — Ashvérus s'enfuit, repoussé par la puissance invisible qui l'éloigne de Théodora.

FIN DU PREMIER ACTE.

ACTE DEUXIÈME.

Dans la Bulgarie, aux pieds du mont Hémus.

SCÈNE Iʳᵉ.

Le théâtre représente un site agreste attenant à la demeure de Théodora.

IRÈNE, la jeune fille de Baudoin, que l'on a vue enfant au 1ᵉʳ acte, et LÉON, tous deux assis sur un banc rustique, lisent ensemble dans le même livre. THÉODORA entre par le fond.

THÉODORA, *s'arrêtant et désignant Irène et Léon, qui ne la voient pas.*

RÉCITATIF.

Douze ans sont écoulés depuis que ma tendresse
Les conduisit tous deux sur ces bords étrangers.
Frère et sœur, l'un pour l'autre,.. Ah! puissent-ils [sans cesse
Vivre ainsi loin du monde, hélas! et des dangers!..

S'approchant d'Irène et de Léon, et leur adressant la parole.

Vous lisez, je le vois, les saintes Écritures?

IRÈNE.

Où j'apprends chaque jour à vous chérir tous deux,
O ma sœur!... ô mon frère!...

LÉON, *se levant et s'éloignant d'Irène.*

Ah! cachons à leurs yeux,
De mon cœur ulcéré les mortelles blessures!

TRIO.

IRÈNE, à Théodora.

Dans ce riant asile
S'écoulent mes beaux jours;
J'y veux vivre tranquille
En vous aimant tou[jours]

LÉON, à part.

Affreux tourments! remords stérile!
Qui me poursuit la nuit, le jour!
Hélas! ma force est inutile
Pour vaincre un trop coupable amour!

THÉODORA.

Puissé-je, en cet asile
Témoin de vos beaux jours,
Calme, heureuse et tranquille,
Vous conserver toujours!

LÉON, à Théodora.

Des rives de l'Escaut, où le ciel nous fit naître,
Ma sœur, sommes-nous donc éloignés pour toujours?

THÉODORA.

Baudoin, comte de Flandre, était notre seul maître,
Quand Dieu permit qu'il fût empereur d'Orient.
Je voulus le rejoindre, et j'allais à Byzance
Le revoir, le servir...

A part, et regardant Irène :

Lui rendre son enfant!

Haut.

Lorsqu'en route, j'appris ses revers, sa souffrance
Et sa mort. En ces lieux, au pied du mont Hémus,
Je vins cacher vos jours, élever votre enfance,
Attendant du Très-Haut les décrets inconnus!

IRÈNE, à Théodora.

Dans ce riant asile,
Etc., etc.

LÉON, à part.

Affreux tourments, remords stérile,
Etc., etc.

THÉODORA.

Puissé-je, en cet asile,
Etc., etc.

LÉON, à part, *regardant Irène avec amour.*

Cruels remords!
O vains efforts!
Oui, près de moi
Quand je la vois,
Mon cœur succombe,
Et dans la tombe
Il faut la fuir;
Il faut mourir...
Dieu tout-puissant,
Juste et clément,
Cache-leur
Ma douleur

ENSEMBLE.

Et l'ardeur
Dont mon cœur
Et rougit,
Et frémit !

IRÈNE et THÉODORA, *examinant Léon.*

O mon Dieu, quelle douleur soudaine
Éclate en son cœur en ce jour !
Je voudrais partager la peine
Qu'il veut cacher à notre amour!

IRÈNE, *s'élançant près de Léon.*

O mon frère !... mon frère !...

THÉODORA, *la retenant.*

Silence !

Se tournant vers la porte du fond.

Des étrangers en ce logis !

SCÈNE II.

Les PRÉCÉDENTS ; LUDGERS, *en costume oriental* ; JUAN, MANOEL et ANDRONIC.

LUDGERS, JUAN, MANOEL, ANDRONIC, *ensemble.*

Pauvres marchands, nous allions à Byzance,
Mes compagnons et moi ; mais, par la nuit surpris,
Nous vous demandons un asile
Sous ce toit hospitalier.

THÉODORA.

Entrez, reposez-vous à notre humble foyer.

A Ludgers.

A Byzance, la grande ville,
Qui vous conduit ?...

LUDGERS.

On doit y couronner, dit-on,
Après douze ans de discorde et de guerre,
Des princes grecs le dernier rejeton,
Le prince Nicéphore !...

THÉODORA, *avec douleur.*

O ciel !... douleur amère !...

A Ludgers.

Mais l'empereur Baudoin ?

LUDGERS.

Il n'est plus, dès longtemps !

THÉODORA.

Mais les siens ?... Mais leurs droits !...

LUDGERS.

Qu'importe !

THÉODORA.

On prétend qu'il avait une fille ?...

LUDGERS.

Elle est morte !...
Et pour lui Nicéphore a le peuple et les grands ;
A lui le trône et cet empire auguste
Où le droit du plus fort est toujours le plus juste !...
Mais c'est trop discourir, et souper vaudrait mieux...

THÉODORA.

On va tout préparer,...

Elle fait signe à ses enfants de la suivre.

LÉON, *emmenant Irène, que Ludgers regarde avec attention.*

Comme il la suit des yeux !..

Théodora, Irène et Léon, sortent par la porte du fond.

SCÈNE III.

LES MÊMES, excepté Irène, Théodora et Léon.

LUDGERS *seul, regardant sortir Irène.*

On m'a dit vrai... Jamais plus charmante beauté
N'avait frappé mes yeux, depuis que j'ai quitté
Mon état de bandit, mon commerce de braves,
Pour un autre plus doux, le commerce d'esclaves,
Qui vaut mieux... La bravoure est fatale aux héros,
Qu'elle conduit souvent à la potence !
Le négoce est plus sûr : ses utiles travaux
Donnent aux gens adroits l'estime et l'opulence !

QUATUOR.

LUDGERS, ANDRONIC, JEAN et MANOEL, *ensemble.*

Moi, j'ai parcouru l'Asie,
Exploité la Géorgie,
Dépeuplé la Circassie !
Nous tenons, à juste prix,
Esclaves jeunes et belles,
Esclaves toujours nouvelles,
Et même esclaves fidèles !
Toujours je les garantis,
Pourvu qu'on double le prix.

LUDGERS, *seul.*

Or le prince Nicéphore,
Qu'on va nommer empereur,
Est un prince connaisseur,
Qui m'estime et qui m'honore...

A demi-voix.

Il me veut du bien,
Car il sait très bien...

ACTE II.

ENSEMBLE, à quatre.

Que je vends à juste prix
Esclaves jeunes et belles,
Et même esclaves fidèles !
Que toujours je garantis,
Pourvu qu'on double le prix.

LUDGERS, à ses compagnons.

Notre fortune serait faite
S'il voyait ces attraits, ce front candide et pur...
Mais comment tenter sa conquête ?
L'acheter ?

LES AUTRES.

C'est trop cher !

LUDGERS.

L'enlever !

LES AUTRES.

C'est plus sûr !

TOUS.

Enlevons, enlevons !
Alerte, compagnons !
　Pendant la nuit,
　Dans ce réduit
　Tout me sourit,
　Tout est profit.
　Par ce moyen,
　Sans donner rien,
　Ce trésor-là
　M'appartiendra !

LUDGERS, à ses compagnons, indiquant la sortie d'Irène.

Cavaliers intrépides,
Par nos coursiers numides,
Plus que le vent rapides,
Ces déserts sont franchis.
Sans que rien ne vous touche,
Qu'un voile sur la bouche
De la beauté farouche
Vienne étouffer les cris !

TOUS.

Enlevons, enlevons !
Alerte, compagnons !

ENSEMBLE.

Rappelons-nous tous nos exploits,
Et tous nos beaux jours d'autrefois !
Tout ira bien ; je le sens là,
Notre projet réussira !...
　Pendant la nuit,
　Dans ce réduit,
　Etc., etc.

SCÈNE IV.

LUDGERS ; IRÈNE et LÉON, entrant ensemble par le fond.

IRÈNE, à Ludgers.

Un modeste repas, préparé par nos mains,
Vous attend.

LUDGERS et les autres.

Grand merci, ma jeune et belle hôtesse.

Ils sortent par le fond.

IRÈNE, s'adressant à Léon, qui se tient à l'écart, soucieux et rêveur.

Nous sommes seuls, tu peux me dire tes chagrins,
A moi, mon frère..

LÉON.

Non ! je n'ai rien..

IRÈNE.

Ta tristesse
Se dissipait, autrefois, par mes soins !

LÉON.

Laisse-moi !...

IRÈNE, tristement.

Je m'en vais !...

Revenant près de lui.

Embrasse-moi, du moins ?

Léon, après avoir hésité un instant, la repousse vivement.

IRÈNE, étonnée.

Qu'est-ce ?

LÉON, avec colère.

Va-t-en !...

Irène, effrayée, s'en va par la porte à droite.

LÉON, seul.

Sa voix ! sa vue enchanteresse !
Redoublent un tourment...

Regardant du côté par où Irène vient de sortir.

A son cœur inconnu !

SCÈNE V.

LÉON ; THÉODORA, entrant doucement par la porte du fond.

LÉON, se croyant toujours seul.

Tout m'abandonne, alors !...

THÉODORA, appuyant doucement sa main sur l'épaule de Léon.

Non pas moi !

LÉON, se retournant.

Qu'ai-je vu ?

DUO.

THÉODORA.

A moi, ta sœur et ton amie;
Dis-moi qui trouble ton repos?
Laisse-moi consoler ta vie,
Laisse-moi partager tes maux.

LÉON.

Qu'exiges-tu d'un misérable?...
Si je n'étais que malheureux,
Tu lirais dans mon cœur!...

THÉODORA.

Mon frère est donc coupable?

LÉON.

Oui! coupable envers vous! Envers vous et les cieux!
En proie à mon délire,
Et détestant le jour,
J'aime, et je ne peux dire
L'objet de mon amour!

THÉODORA, tremblante.

Ah! j'ose y croire à peine!...
Est-il possible?...

LÉON, tombant à ses pieds et courbant la tête.

Irène!...
Ah! ne me maudis pas!

THÉODORA, posant sa main sur la tête de son frère.

Elle n'est pas ta sœur!

LÉON, relevant vivement la tête.

Ne m'abuses-tu pas?... N'est-ce pas une erreur?...

THÉODORA.

J'en atteste le ciel!... elle n'est pas ta sœur!!

LÉON, avec transport.

O mon Dieu! n'est-ce pas un songe,
Un séduisant mensonge,
Qui vient ravir mon cœur?
Elle n'est pas ma sœur!!!

LÉON.

O clémence suprême!
O céleste faveur!
C'est la voix de Dieu même
Qui me rend au bonheur!

THÉODORA.

Inutile clémence!
Douce et vaine faveur,
Qui lui rend l'espérance,
Mais non pas le bonheur!

{ ENSEMBLE.

LÉON, dans l'ivresse de la joie.

Ma bien-aimée! O mon Irène!
Déjà mes jours étaient à toi!...
Je veux qu'une éternelle chaîne,
Dès demain t'engage ma foi!

THÉODORA, avec fermeté.

Jamais!...

LÉON, étonné.

Quoi! refuser Irène à mon amour?

THÉODORA.

Il le faut!... Je serais criminelle à mon tour,
Si, pour toi trahissant une mission sainte,
Je souffrais cet hymen!...

LÉON.

Quelle est donc cette crainte?

THÉODORA.

Un jour tu le sauras... tu sauras que les cieux,
Le devoir et l'honneur vous séparaient tous deux!!

LÉON.

Non, je n'écoute rien!... Non, non, c'est impossible!

THÉODORA.

Mon frère... écoute-moi... ne sois pas inflexible!

LÉON.

Irène recevra ma foi!

THÉODORA.

Irène, hélas! ne saurait être à toi!

LÉON, avec tendresse.

Irène sur ton cœur aura plus de puissance,
Et pour te désarmer je l'amène à tes pieds!

Il s'élance par la droite.

THÉODORA, seule un instant.

Insensé! qui du Ciel excite la vengeance!
Puissent nos torts, par lui, n'être pas expiés!

LÉON, rentrant, pâle, hors de lui et se soutenant à peine.

Grand Dieu!...

THÉODORA, courant à lui.

Quelle pâleur soudaine?
Et qu'as-tu donc?...

LÉON, avec égarement.

Irène!...

THÉODORA.

Irène?...

LÉON.

Disparue!.. enlevée!...

ACTE II.

THÉODORA, poussant un cri de désespoir.

Ah!...

LÉON.

Par cet étranger !

THÉODORA.

Grand Dieu !...

LÉON.

Ma sœur, il faut mourir, ou nous venger !

THÉODORA.

Mon frère, il faut mourir ! ou savoir nous venger !

LÉON, à Théodora, avec énergie.

Viens ! suis mes pas !
Pour nous conduire
Ma rage ici devra suffire !
Il faut à mon délire
Irène ou le trépas!
Partons! partons ! Viens, suis mes pas !
Irène ou le trépas !

THÉODORA.

Je suis tes pas ; pour nous conduire,
Ton bras ici devra suffire !
Le ciel ici m'inspire !
Il doit guider nos pas,
Partons ! je suis tes pas!
Grand Dieu ! guidez nos pas !

ENSEMBLE.

Ils sortent tous deux dans le plus grand désordre.

DEUXIÈME TABLEAU.

Le théâtre change et représente la grande place de Thessalonique. Une large rue montueuse conduit à un vaste pont qui domine la ville. La rue et le pont sont couverts d'hommes, de femmes et d'enfants, portant, les uns des flambeaux, les autres des fagots, pour en faire un feu de joie en l'honneur de la saint Jean.

SCÈNE Ire.

CHOEUR.

Saint Jean ! Saint Jean ! Saint Jean !! Saint Jean !!!
Pour toi, qu'en nos mains étincelle
Ce feu divin, ce feu brûlant !
Saint Jean ! Saint Jean ! Saint Jean !
Emblème d'un amour ardent,
Qu'il éclaire notre saint zèle,
Saint Jean ! Saint Jean ! Saint Jean ! Saint Jean !

TROIS VOIX.

Disposez ces bûchers ! que leur flamme petille,
Et s'élève en son honneur !
A lui, qui dans les cieux, comme une étoile, brille
A la droite du Seigneur !

CHOEUR.

Saint Jean ! Saint Jean ! Saint Jean ! Saint Jean !
Pour toi, qu'en nos mains étincelle
Ce feu divin, ce feu brûlant !
Qu'il éclaire notre saint zèle,
Saint Jean ! Saint Jean ! Saint Jean !

SCÈNE II.

LES PRÉCÉDENTS ; NICÉPHORE, entrant avec quelques seigneurs, suivi de LUDGERS, qui lui parle avec chaleur.

LUDGERS.

Oui ! depuis Ispahan jusqu'à Jérusalem,
Des plus rares trésors recrutant mon harem,
Je ramène avec moi des beautés sans pareilles,
Dignes d'un Roi ! bien plus, d'un Empereur !

NICÉPHORE, souriant.

Voyons donc, s'il le faut, ces nouvelles merveilles ?

LUDGERS, s'inclinant.

Pour elles et pour moi, Prince, c'est trop d'honneur!

Sur l'ordre de Ludgers, une troupe de belles esclaves sort d'un bazar, et s'élance en dansant sur la place, devant l'empereur et sa suite.

DIVERTISSEMENT.

LES ESCLAVES.

Divertissement dansé par mesdemoiselles

PIERRON, NATHAN, MARQUET ET MATHILDE.

NICÉPHORE, *se levant après le divertissement.*

Toutes ces beautés de l'Asie
N'ont pas de pouvoir sur mon cœur !
Plus d'amour éphémère, et plus de fantaisie ;
Je suis las du plaisir, et voudrais le bonheur !

Apercevant Irène, que Ludgers vient de faire amener devant lui.

Ah ! Qu'ai-je vu ? Grands dieux ! Et quelle grâce in-
[signe] !
Quel air de naïve candeur !

LUDGERS, *à Nicéphore.*

Je savais bien qu'elle était digne
De notre futur Empereur !

NICÉPHORE, *à Ludgers, montrant Irène.*

Ton esclave me plait ! Ton esclave est à moi !
Fixe le prix toi-même !...

LUDGERS, *s'inclinant.*

Ah ! c'est parler en roi !

IRÈNE, *s'éloignant avec terreur de Nicéphore.*

Laissez-moi ! laissez-moi !

LUDGERS.

Cédez à votre roi !

IRÈNE, *s'arrachant des bras de Nicéphore et tombant à genoux:*

O vous, mes seuls appuis ! Ô ma sœur ! Ô mon frère !

ENSEMBLE.

LUDGERS.
A tes prières ils sont sourds !

NICÉPHORE.
Tu m'appartiens, ô mes amours !

Le ciel s'obscurcit; le vent s'élève; le tonnerre gronde dans le lointain, et le bruit de l'ouragan va toujours en augmentant.

IRÈNE, *que des muets de la garde de l'empereur entraînent, et qui résiste en vain.*

Tout m'abandonne, hélas !... Personne sur la terre
Ne viendra-t-il à mon secours ?

SCÈNE III.

LES PRÉCÉDENTS, ASHVÉRUS *paraissant au milieu de la place.*

ASHVÉRUS.

Moi, moi seul !...

A Nicéphore et à Ludgers.

Arrêtez !... Peuple, écoutez ma voix !
Souffrirez-vous que, captive, on entraîne
L'héritière du trône, et le sang de vos rois ?
La fille de Baudoin !... et votre souveraine ! !

TOUS.

Quel est cet homme ?...

NICÉPHORE, *avec mépris.*

Un fourbe, ou bien un insensé !
De ces murs, à l'instant, gardes, qu'il soit chassé !

ASHVÉRUS, *s'adressant au peuple.*

J'ai dit la vérité !... C'est votre impératrice !

NICÉPHORE.

Qui nous le prouvera ?...

ASHVÉRUS.

Qui ? Dieu lui-même !..

NICÉPHORE, *souriant.*

Dieu ?
Je l'accepte pour juge, et j'en crois sa justice !
Devant tous j'en appelle à l'épreuve du feu !...
Qu'on saisisse à l'instant même
Cet obscur profanateur
Dont l'audace ici blasphème
Et le Ciel et l'empereur !

Au Juif.

Oui, bientôt ta folle audace
Recevra son châtiment !
Et tu peux, sur cette place,
Voir le bûcher qui t'attend !

LE PEUPLE, *menaçant le Juif.*

Oui, bientôt ta folle audace
Recevra son châtiment !
Et tu peux, sur cette place,
Voir le bûcher qui t'attend !

Les gardes entraînent Ashvérus, et le précipitent dans le bûcher, auquel on met le feu.

ASHVÉRUS, *du haut du bûcher, et au milieu des flammes qui s'élèvent.*

Du temps, du fer, et de la flamme,
La vérité triomphe, ô peuple ! Et je l'ai dit :

Montrant Irène.

ACTE II.

C'est la fille des rois !...

Montrant Ludgers.

Qu'enleva ce bandit !
Que ce bûcher l'atteste, et que Dieu le proclame !

Soudain toutes les flammes s'éteignent.

LE PEUPLE, effrayé.

O miracle !... O terreur !...
Ah ! c'est l'arrêt de Dieu ! C'est la voix du Seigneur !

ASHVÉRUS, *descendant du bûcher, et s'avançant sur la place en montrant Irène.*

A genoux ! C'est Dieu lui-même,
Qui proclame ici ses droits !
Et qui rend le diadème
A la fille de nos rois !

Regardant Nicéphore et les seigneurs.

Que l'orgueil tombe et fléchisse !

Au peuple.

Que vos fronts s'inclinent tous !
A genoux !... Peuple... à genoux !
Devant votre Impératrice !

ENSEMBLE GÉNÉRAL.

NICÉPHORE, LUDGERS et les SEIGNEURS, à part.

En cet instant suprême,

Dieu proclame ses droits !
Et rend le diadème
A la fille des rois !

PEUPLE.

C'est la voix de Dieu même,
Qui proclame ses droits,
Et rend le diadème
A la fille des rois !

IRÈNE.

Seigneur, est-ce toi-même,
Qui proclames mes droits,
Et rends le diadème
A la fille des rois ?

CHOEUR DE PEUPLE, *entourant Irène.*

Que l'orgueil tombe et fléchisse !
Que les fronts s'inclinent tous !
A genoux ! Peuple, à genoux !
Car c'est là l'Impératrice !
Vive l'Impératrice !
Vive l'Impératrice !

Le peuple entoure Irène. Tous sont prosternés devant elle. — Nicéphore, seul, à l'écart, est abandonné des seigneurs de sa cour. La foule immense qui couvre le pont et la place, fait retentir l'air de ses cris de joie, tandis qu'Ashvérus, du haut du pont qui domine la place, étend les mains sur Irène, en signe de protection.

FIN DU DEUXIÈME ACTE.

ACTE TROISIÈME.

La scène se passe à Constantinople, dans le palais des Empereurs d'Orient.
Le théâtre représente une vaste salle dans le style byzantin, au milieu de jardins magnifiques.
Au fond, une terrasse donnant sur le Bosphore.

SCÈNE Iʳᵉ.

(Au lever du rideau, des jeunes filles préludent, en dansant, à la fête qui va se donner pour l'avénement de l'impératrice Irène. Les dames de sa cour descendent les degrés de la terrasse, précédant leur jeune souveraine).

IRÈNE, sortant de ses appartements.

RÉCITATIF.

O merveille! ô prodige! auquel je crois à peine!
  O mystérieux changement!
Est-ce moi? Vierge sainte! est-ce la pauvre Irène,
  Dans le palais des princes d'Orient!

CHOEUR DE PEUPLE (en dehors et sous les murs du palais).

Vive l'Impératrice!...

CHOEUR DE JEUNES DAMES.

  Écoutez ce transport!
Pour vous bénir leurs voix et leurs cœurs sont d'accord!

IRÈNE.

Oui, de ce peuple fanatique,
  Qui des murs de Thessalonique
M'a conduite en triomphe au palais paternel,
J'entends encor les cris qui s'élèvent au ciel!

AIR.

  O ma sœur chérie!
  Frère bien-aimé!
  Le charme de ma vie
  En vous est renfermé!
  De ce titre de reine
  Mon cœur n'est pas jaloux!
  Et j'aime mieux la peine,
  Que le plaisir sans vou!

CAVATINE.

  Grandeur et puissance,
  Je dois vous bénir!...
  Les maux de l'absence
  Par vous vont finir!...
  O triste souffrance,
  Fuyez loin de nous!
  Jours de notre enfance
  Renaissez plus doux!
  Sous la couronne
  Que Dieu me donne,
  Mon front rayonne
  Brillant d'espoir!
  Bonheur extrême!
  Tous ceux que j'aime,
  En ce lieu même,
  Je vais les voir!

SCÈNE II.

LES PRÉCÉDENTS; le GRAND MAITRE du palais,
  puis LÉON et THÉODORA.

LE GRAND MAITRE, à l'impératrice.

Au milieu des apprêts de la fête brillante
  Qui va se donner sous vos yeux;
Un jeune homme... une femme accablée et tremblante,
  Se sont introduits en ces lieux!

Irène, reconnaissant Léon et Théodora, retient un cri de joie, et ramène son voile sur ses traits, en faisant signe aux dames de sa cour de s'éloigner.

LÉON.

ROMANCE.

1ᵉʳ COUPLET.

  Une sœur, une amie,
  Ange de la maison!

ACTE III.

Vient de m'être ravie
Par une trahison !
Loin d'elle, de mon âme,
Tout bonheur est absent !
Rendez-la moi, madame
Je l'aimais tant !!!

THÉODORA et LÉON.

2e COUPLET.

Oui, depuis son aurore
Elle avait nos amours !
Pour la revoir encore
Je donnerais mes jours !
Car elle est de { son / mon } âme,
La joie et le tourment !
Rendez-la moi, madame.
Je l'aime tant !

IRÈNE, *qui jusque-là s'est efforcée de cacher son émotion, leur tend la main et leur dit :*

J'ordonne donc qu'elle vous soit rendue !

LÉON, *levant les yeux.*

O miracle !... C'est elle !...

THÉODORA, *de même.*

En croirai-je ma vue !

LÉON.

Ma sœur ! ma sœur !...

THÉODORA.

C'est elle !...

LÉON, *avec douleur.*

Et sur le trône !... O ciel !

THÉODORA, *à voix basse à son frère.*

Oui, tel est l'obstacle éternel
Qui devait faire ton supplice,
Et que je te cachais !

LÉON, *avec désespoir.*

Irène impératrice !
Séparés tous les deux ! séparés pour jamais !

THÉODORA.

Que nos voix vers le ciel montent pour le bénir !
Vos décrets, ô mon Dieu ! j'ai donc pu les servir !...
A la fille des rois vous rendez la couronne !
Le monde est à ses pieds ! la gloire l'environne !
Mes yeux en sont témoins ! Mon Dieu ! je puis mourir !

IRÈNE, *avec tendresse à Théodora.*

Viens dans mes bras, ma sœur ! et vous, Léon, mon

LÉON, *tristement.* [frère !]

Nous n'avons pas de droits à ces titres si doux,
Et nous ne pouvons plus les recevoir de vous !

IRÈNE.

Grand Dieu !...

THÉODORA.

Vous seule, Irène,
Êtes du sang des rois !...

LÉON.

Adieu, ma souveraine !
Du plus affreux tourment mon cœur est oppressé !
Priez ! priez le ciel pour un pauvre insensé !
Adieu donc pour jamais !...

IRÈNE.

Ma force m'abandonne !...
Mais le trône sans vous, c'est l'exil ! le malheur !
Restez, restez !... Je vous l'ordonne !
Irène vous en prie !...

LÉON, *à Théodora.*

... Obéissons, ma sœur !

SCÈNE III.

LES MÊMES ; UNE DAME DU PALAIS.

LA DAME, *à Irène.*

Des danseurs étrangers, pour fêter notre Reine,
Ici, vont reproduire une naïve scène,
Qui se passa, dit-on, jadis, près de ces lieux ;
Le pasteur Aristée, en ces temps de merveilles,
Attirant et charmant tout un essaim d'abeilles,
Par ses accords harmonieux !

Irène, suivie de Léon et de Théodora, va s'asseoir sur le trône, entourée de toutes ses dames d'honneur. Léon et Théodora se placent près d'elle.

BALLET.

LE BERGER ARISTÉE ET LES ABEILLES.

SCÈNE CHORÉGRAPHIQUE.

Dynaté : Mlle *Taglioni*. — Béroé : Mlle *Bagdanoff*. — Spio : Mlle *Legrain*. — Phyllodocé : Mlle *Queniaux*. — Le berger Aristée : M. *Merante*.

Après le ballet, des fanfares se font entendre, et le grand-maître du palais s'approche du trône.

SCÈNE IV.

LES MÊMES; LE GRAND-MAITRE DU PALAIS, suivi de hérauts d'armes.

LE GRAND-MAITRE, à l'Impératrice.

Tous les grands de l'empire, à notre souveraine
Vont venir présenter leurs respects et leurs vœux !

IRÈNE.

Je les attends !

LÉON, à part.

... Ce n'est plus mon Irène !
De son auguste front je détourne les yeux !

Une grande marche solennelle commence. Tous les grands de l'empire viennent saluer l'Impératrice, précédés de la garde des Immortels, et suivis par la garde l'arengienne.

Le sénat paraît ensuite, servant de cortége à l'empereur Nicéphore.

SCÈNE V.

LES PRÉCÉDENTS; NICÉPHORE et tout le sénat.
Deux sénateurs portent, sur un coussin de velours, le sceptre et la couronne impériale.

NICÉPHORE, s'adressant à Irène.

Tous vos droits, le sénat aime à les reconnaître !
Et pour que dans l'État,
Après douze ans de guerre, et d'un sanglant débat,
La concorde et la paix puissent enfin renaître,
Il veut, par un hymen, que nos droits soient unis !
Le sceptre qu'il nous offre...

IRÈNE, inquiète.

... Eh bien !...

NICÉPHORE.

... Est à ce prix !

IRÈNE.

Non, non !... Je ne le puis !
Je veux quitter ces lieux !...

THÉODORA.

... Irène ! quel délire !

IRÈNE.

Non, la couronne auguste et le sceptre sacré,
Ne sont pas faits pour moi ! Je renonce à l'empire !

LÉON.

Ah ! c'est Dieu qui l'inspire !

THÉODORA.

Irène ! quel délire !

ENSEMBLE.

THÉODORA.

O fille de Baudoin, un père révéré
Vous contemple, et vous dit : « Du trône et de l'empire
» Tu ne peux nous déshériter !
» Le sang de tes aïeux t'ordonne d'accepter !
» Dieu le veut !

TOUS, entourant Irène.

... Dieu le veut !...

IRÈNE.

... Ah ! que le ciel m'inspire !

IRÈNE.

Pour la grandeur suprême,
Et ma main, et mon cœur !
Et pour un diadème,
Renoncer au bonheur !
A jamais sur la terre,
Cet horrible tourment !
O mânes de mon père,
Protégez votre enfant !

LÉON.

O désespoir extrême !
O comble de douleur !
Je verrais ce que j'aime
Aux bras d'un ravisseur !
Ah ! c'est pour ma misère
Un supplice trop grand !
La mort me serait chère
Plutôt qu'un tel tourment !

THÉODORA.

O désespoir extrême !
O comble de douleur !
Oui, c'est la grandeur même,
Qui fait notre malheur !

A Léon.

Ah ! cache ta colère.
Crains leur ressentiment !
Laisse-moi, sur la terre,
Mon seul bien à présent !

ENSEMBLE.

LÉON, bas à Irène.

Il faut que je vous parle... ou je meurs !...

IRÈNE, de même.

A ce soir !
Ce soir, dans ce palais, je t'attendrai... mon frère !

LÉON, à part.

Seule, un instant, je pourrai donc la voir,
Lui dire mes tourments, et ma douleur amère !
Et puis mourir après !... Voilà mon seul espoir !!

Nicéphore fait signe aux sénateurs qui portent la couronne d'approcher ; il la prend et la présente à Irène. Celle-ci, par une inspiration soudaine, la saisit et se la place elle-même sur la tête, en regardant Léon.

ACTE III.

NICÉPHORE.

Vive l'Impératrice !...

LE CHOEUR.

Et vive l'Empereur !!

IRÈNE.

Pour la grandeur suprême,
Et ma main, et mon cœur !
Et pour un diadème
Renoncer au bonheur !
Ah ! jamais sur la terre
Cet horrible tourment !
O mânes de mon père,
Protégez votre enfant !

THÉODORA.

O désespoir extrême !
O comble de douleur !
Oui, c'est la grandeur même,
Qui fait notre malheur !
A Léon.
Ah ! cache ta colère,
Crains leur ressentiment !
Laisse-moi, sur la terre,
Mon seul bien, à présent !

LÉON.

O désespoir extrême !
O comble de douleur !
Je verrais ce que j'aime
Aux bras d'un ravisseur !

Ah ! c'est pour ma misère
Un supplice trop grand !
La mort me serait chère,
Plutôt qu'un tel tourment !

NICÉPHORE.

J'obteins ce diadème,
Seul rêve de mon cœur,
J'obtiens celle que j'aime,
O comble de bonheur !
A Irène.
Pour terminer la guerre,
Et tous nos différents,
En vous le peuple espère,
Et j'attends vos serments !

CHOEUR.

Oui, ce décret suprême,
Consacrant leur bonheur,
De l'Empire lui-même
Assure la splendeur !
Désormais plus de guerre,
Ni de débats sanglants !
De cet hymen prospère
Dieu bénit les serments !

Toutes les épées se tirent. Tous les drapeaux s'agitent. Léon tombe à moitié évanoui, dans les bras de sa sœur, qui le presse contre son cœur.

Un riche palanquin est apporté par la garde Varengienne. Nicéphore y fait monter la jeune Impératrice, qui sort triomphalement, entourée de toute sa cour.

FIN DU TROISIÈME ACTE.

ACTE QUATRIÈME.

PREMIER TABLEAU.

L'oratoire de l'Impératrice. Portes latérales à droite et à gauche. Porte au fond, cachée sous une vaste draperie.

SCÈNE Ire.

LÉON est introduit par une femme de l'Impératrice.

LÉON.

RÉCITATIF.

A ce palais, dont la magnificence
  Brille à mes yeux, de toutes parts,
Combien je préférais le toit de mon enfance,
  Irène!... et l'un de tes regards!

CAVATINE.

Vous n'êtes plus! jours d'innocence
Écoulés sous un ciel d'azur!
Où nos deux cœurs, sans défiance,
Aimaient d'un amour doux et pur!
Où sa douce voix disait : Frère...
Où je lui répondais : Ma sœur...
Où la nature tout entière
Fêtait notre chaste bonheur!
Mais je viens ici, pour te dire
Mon amour immense, éternel!
Dans tes regards, mon cœur va lire,
  Irène, l'Enfer ou le Ciel!...

STRETTA.

Viens briller pour elle,
  Ardente étincelle,
  Souvenir fidèle,
Pur comme un beau jour!
Que ma vive flamme,
Que mon tendre amour,
  Ravisse son âme
  Au divin séjour!

SCÈNE II.

IRÈNE, LÉON.

DUO.

IRÈNE.
Je t'attendais, mon frère, dans ces lieux!
LÉON.
Ce nom, dans votre bouche! O vous, ma souveraine!
IRÈNE.
Que t'importe mon rang, si toujours ton Irène
T'aime du même cœur, te voit des mêmes yeux!
LÉON, avec transport.
Il se pourrait!...
IRÈNE.
... En douter est un crime!
Et dois-tu me rendre victime
  D'un sort fatal à tous deux?
LÉON.
O ciel! est-ce un rêve
Qui vient m'éblouir?
Quel jour pur se lève
Sur mon avenir!
Est-ce l'espérance
Qui parle à mon cœur?
Et faut-il, d'avance,
Croire à mon bonheur?
IRÈNE.
Ce n'est pas un rêve
Qui vient t'éblouir;
Le jour qui se lève
Promet l'avenir!...
La douce espérance
Qui parle à mon cœur
Me promet d'avance
Le plus doux bonheur!

ENSEMBLE.

ACTE IV.

LÉON.
Ah! si j'osais, Irène, interroger ton cœur!

IRÈNE.
Parle sans crainte... Je t'écoute.

LÉON.
En apprenant que tu n'es pas ma sœur,
Ton cœur s'est-il troublé?...

IRÈNE.
... Sans doute!

LÉON.
Et tant qu'a duré ce sommeil
Où dormaient nos âmes!... Ton âme
N'éprouvait-elle pas une secrète flamme,
Impatiente du réveil?...

IRÈNE.
Je m'en souviens; et pendant ton absence,
Je me sentais mourir dans l'ombre et le silence,
Comme la fleur loin du soleil!

LÉON.
Et quand ma main pressait la tienne?

IRÈNE.
Je tremblais...

LÉON, avec transport.
Tu m'aimais! Irène!!...
Et quand mes regards, sur tes traits
S'arrêtaient tout émus?...

IRÈNE.
Je tremblais!...

LÉON.
Tu m'aimais!!...
Et quand sous le baiser d'un frère,
Se trahissait ma vive ardeur?...

IRÈNE.
Je tremblais!...

LÉON, avec passion.
Tu m'aimais!!... Près de toi tout m'éclaire!
Ton cœur se révèle à mon cœur!!!

LÉON.
Ce n'est pas un rêve
Qui vient m'éblouir!...
Quel jour pur se lève
Sur mon avenir!
Etc.

IRÈNE.
Ce n'est pas un rêve
Qui vient t'éblouir!
Le jour qui se lève
Promet l'avenir!...
Etc.

} ENSEMBLE.

LÉON.
Tu m'aimes!... Et pourtant, demain
A Nicéphore, hélas! tu vas donner ta main!

IRÈNE.
Jamais! jamais!... Je m'ignorais moi-même!...
Mais maintenant, je sais, oui je sais que je t'aime,
Et dût périr mon trône même,
Rien ne peut m'enlever à toi!

LÉON.
O Dieu puissant! seconde-moi!

IRÈNE.
Du ciel délice suprême!
Je sais que je t'aime!
Pour toujours à toi,
Mon cœur et ma foi!
Reçois mes serments, mes jours sont à toi!

LÉON.
Du ciel délice suprême!
A jamais, je t'aime!
Pour toujours, à toi,
Mon cœur et ma foi!
Reçois mes serments, mes jours sont à toi!

} ENSEMBLE.

LÉON.
Du peuple, en ce pays, la voix est souveraine!
Et lui seul, aujourd'hui, peut briser cette chaîne!
J'irai, le soulevant contre un joug détesté,
Lui demander pour toi, bonheur et liberté!
Il entendra ma voix, Irène!
L'espoir de l'Empereur, par notre amour trahi!...

IRÈNE.
La vie est avec toi!... Le trépas avec lui!

IRÈNE.
Du ciel délice suprême!
Je sais que je t'aime!
Pour toujours à toi,
Mon cœur et ma foi!
Reçois mes serments! mes jours sont à toi!

LÉON.
Du ciel, délice suprême!
A jamais, je t'aime!
Pour toujours, à toi,
Mon cœur et ma foi!
Reçois mes serments! mes jours sont à toi!

} ENSEMBLE.

Léon et Irène sortent vivement de chaque côté. La portière du fond se soulève, et laisse voir Nicéphore et Ludgers cachés.

SCÈNE III.

NICÉPHORE, LUDGERS.

NICÉPHORE, à Ludgers.
Tu viens de les entendre!... Ils ont dicté leur sort!
La honte à cette femme!... A cet homme, la mort!!

La draperie retombe sur eux. Le théâtre change.

DEUXIÈME TABLEAU.

Un site pittoresque, vue de nuit. Des ruines sur la rive du Bosphore.

SCÈNE Ire.

ASHVÉRUS, seul, descendant au milieu des Ruines.

ASHVÉRUS.

RÉCITATIF.

De Dieu l'éternelle clémence
Prend-elle enfin pitié des maux que j'ai soufferts ?
 Quel bruit terrible... immense,
 A retenti dans l'univers ?
Leurs prêtres disent tous : « Bientôt va sonner l'heure
» Où les mondes détruits rentrent dans le chaos!... »
Est-ce bien vrai, mon Dieu ? Se peut-il que l'on meure ?
La fin de l'univers est la fin de mes maux !...
Pour eux tous, c'est la mort ! Pour moi, c'est le repos !

AIR :

Exauce enfin, mon Dieu, ma fervente prière !
Jette un œil de pardon sur ma longue misère !
Du pécheur repentant viens fermer la paupière !
Jamais comme aujourd'hui ma voix n'a supplié !
Mon crime fut bien grand !... Il n'est point expié !
Mais aux trésors des cieux n'est-il plus de pitié ?

 Autour de moi tout passe !
 Et parcourant l'espace
 Des mondes disparus,
 Moi seul connais la trace,
 Et retrouve la place
 Des temps qui ne sont plus !
  Jamais la prière
  Ne vient adoucir
  La douleur amère
  Qu'il me faut subir !
  Jamais sur ma vie,
  Un œil n'a versé
  Une larme amie !...
  Partout repoussé !...

 Tout meurt et tout tombe,
 Moi seul je vivrai !...
  Avec désespoir.
 Jamais dans la tombe
 Je ne descendrai !!!

Mon Dieu ! mon Dieu ! pendant une heure entière,
Laisse-moi sentir le bonheur,
Le bonheur si doux d'être père !...
D'une éternité de misère
Tu peux après frapper mon cœur !!!

Il rentre dans les ruines en voyant venir les bandits.

SCÈNE II.

UNE TROUPE DE BANDITS commandés par LUDGERS.

CHOEUR DE BANDITS (pendant lequel paraît au fond Ashvérus, qui les écoute avec effroi).

 La nuit est sombre,
 Et voici l'ombre
 Qui nous sourit,
 Et nous conduit !
 De la vengeance
 L'heure s'avance,
 Obéissons !
  Amis, frappons !...
 O mer profonde !
 Ouvre ton onde !
 Cache sans bruit
 L'œuvre de la nuit !
Il va passer ici, pour gagner sa demeure,
Celui que nous cherchons, amis, il faut qu'il meure !
 Nicéphore l'a dit !
 Séparons-nous sans bruit !...
Et cachons nos poignards dans l'ombre de la nuit !!!

Les bandits se cachent sous les rochers.

ACTE IV.

SCÈNE V.

LES BANDITS cachés ; LÉON entrant, soutenant THÉODORA.

FINAL.

LÉON, à sa sœur.

Oui, ma sœur, à ma voix, le peuple se soulève !
Mon bonheur est certain !...

ASHVÉRUS, paraissant.

Ton bonheur est un rêve !
Et la mort te menace !...

THÉODORA, poussant un cri.

Ashvérus !...

ASHVÉRUS, à Théodora.

Ne crains rien !
Ce sang qu'on veut verser, mes enfants, c'est le mien !

LÉON.

Non, non ! Je ne veux pas de ton secours terrible !
C'est toi qui sur nos fronts appelles le malheur !...
Va-t-en !...

THÉODORA, à Léon.

A sa douleur ne sois pas insensible !

ASHVÉRUS, avec désespoir.

O décret inflexible !!!

LÉON, au Juif.

Ton nom, ton nom maudit me glace de terreur !
Partout marche avec toi la colère céleste !
J'aime mieux le trépas que ton appui funeste !
Va-t-en !... A ton aspect se révolte mon cœur !!!

ASHVÉRUS.

Mon fils !... mon fils !...

THÉODORA.

Pardon !...

LÉON, au Juif.

Va-t-en ! N'approche pas !
Le malheur et la mort accompagnent tes pas !

Les bandits se rapprochent de Léon.

LUDGERS, à ses compagnons, désignant Léon.

Voici celui, qu'à l'instant même,
Il faut frapper ! Il faut punir !...
Pas de pitié !.....

A Léon.

..... L'heure suprême
Sonne pour toi !... Tu vas mourir !

ASHVÉRUS, à Léon.

Reste là ! reste là ! Mon corps est un rempart,
Que ne franchit pas le poignard !

LÉON.

Laissez-moi ! laissez-moi ! Je brave leur furie !

THÉODORA, à Léon.

Reste là, près de lui !... Son corps est un rempart,
Que ne franchit pas le poignard !...
Mon frère !... Au nom du ciel !... n'expose pas ta vie.

ASHVÉRUS, à Ludgers.

Ludgers ! je te connais !... Me connais-tu ?...

LES BANDITS, avec terreur, en reconnaissant le Juif.

..... C'est lui !

ASHVÉRUS, à Ludgers.

M'as-tu donc oublié !...

Les bandits s'éloignent avec terreur à la vue du Juif.

THÉODORA.

..... Mon Dieu ! soyez béni !

A ce moment la trompette de l'Ange vengeur éclate dans le ciel, et la voix divine retentit.

ASHVÉRUS.

Qu'entends-je ! ô Dieu !... signal terrible !
Ange vengeur ! ange inflexible !...

VOIX DE L'ANGE.

Marche ! marche toujours !!!

THÉODORA, au Juif, avec désespoir, lui montrant Léon entouré de bandits.

Eh ! quoi ! tu l'abandonnes !... au milieu des périls !

ASHVÉRUS, à l'Ange invisible et reculant malgré lui.

Pitié ! non pas pour moi, mais pitié pour mon fils !

VOIX DE L'ANGE.

Marche ! marche toujours !!!

THÉODORA, au Juif, indiquant Léon qu'on entraîne.

Ils vont l'assassiner ! barbare !... Et tu t'enfuis !...
Mais c'est le dernier de la race !...
Mais tu l'as dit : mon frère, c'est ton fils !

ASHVÉRUS, à Théodora, avec désespoir.

Et ne vois-tu donc pas le vengeur qui me chasse !
Et qui livre ses jours au fer de ces bandits !

LUDGERS, et ses compagnons.

Désarmons-le !...

LÉON, à Ludgers.

Lâche assassin !...
Détourne leurs poignards, Dieu puissant, de mon
(sein !

ENSEMBLE.

THÉODORA.
Douleur horrible !
Vengeance terrible !
Mortel effroi !
Épargne mon frère !
Dieu, dans ta colère,
Ne frappe que moi !

ASHVÉRUS.
Douleur horrible !
Vengeance terrible !
Cruelle loi !
Double ma misère !
Dieu dans ta colère,
Ne frappe que moi ?

LES BANDITS, à Léon.
Malheur à toi !...

LÉON, avec désespoir, invoquant Ashvérus.
..... Personne à mon secours
Ne viendra-t-il ?.....

ASHVÉRUS, s'élançant vers lui, par un effort suprême
..... J'y cours !...

Il se précipite au milieu des ruines, et vers la mer, où l'on entraîne son fils..... Lorsque tout à coup paraît l'Ange exterminateur, son épée flamboyante à la main, qui repousse le Juif, et le force à marcher devant lui, au moment où les bandits vont précipiter Léon dans les flots.

ASHVÉRUS, marchant devant l'Ange et tendant les bras à Léon.
Mon fils ! mon fils !

THÉODORA, à genoux, les bras étendus vers Léon.
Mon frère bien-aimé !... Toi l'âme de ma vie !...

LÉON, sur le rocher.
Adieu ! ma sœur chérie !
Irène, mes amours !...
Adieu !.....

ASHVÉRUS, avec désespoir.
..... Mon fils !... mon fils !...

L'ANGE.
..... Marche ! marche toujours !!!

CHŒUR D'ANGES, dans le ciel.
Marche toujours !
Marche toujours !

La foudre éclate au fond, et l'on voit, à sa lueur, Ludgers donnant à Léon un coup de poignard et le précipitant dans la mer.
Théodora pousse un cri de douleur, et tombe anéantie.
Le Juif s'éloigne avec désespoir, poursuivi par l'Ange vengeur, éclairé dans sa marche par son épée de feu.

FIN DU QUATRIÈME ACTE.

ACTE CINQUIÈME.
PREMIER TABLEAU.

Le théâtre représente une vaste étendue de mer, venant mourir sur une grève aride et sauvage.

ASHVÉRUS est debout sur la grève, entouré d'IRÈNE, de LÉON et de THÉODORA.

LÉON, au Juif.

Nous voilà réunis auprès de toi, mon père!..

ASHVÉRUS, à Léon.

Le Ciel, enfin, touché de ma misère,
A permis que le flot t'amenât dans mes bras,
　Sur cette rive solitaire
Où l'ange avait conduit mes pas !...

IRÈNE et THÉODORA, à Ashvérus.

ENSEMBLE.

Pour un tel bienfait, sois béni !

ASHVÉRUS, avec effroi.

Non, non, ne parlez pas ainsi !...

LÉON.

ROMANCE.

1ᵉʳ COUPLET.

Quand chacun fuyait ici-bas,
Le proscrit du ciel, de la terre,
Dieu m'avait placé sur tes pas
Afin d'adoucir ta misère,
Et moi je t'ai maudit, hélas !..
　Pardonne-moi, mon père !...

2ᵉ COUPLET.

LÉON, IRÈNE, THÉODORA, à Ashvérus.

ENSEMBLE.

Il est un refuge à tes maux,
Que Dieu t'a donné sur la terre,
Pour y trouver des jours plus beaux,
Pour calmer ta douleur amère !
Viens-y goûter un doux repos,
　Viens dans nos bras, mon père !...

ASHVÉRUS, à part.

Le Ciel prend-il pitié des tourments que j'endure ?..
Je sens couler mes pleurs pour la première fois !...

IRÈNE, THÉODORA, LÉON, désignant Ashvérus.

O triomphe de la nature,
Il pleure en écoutant nos voix !

ASHVÉRUS, d'un air inspiré, à ses enfants.

Partez, ô mes enfants !... A mes yeux se révèle
Le destin éclatant qui vous attend tous deux!
Nicéphore est tombé !...

A Irène.
　　　　Tout un peuple t'appelle...
Monte au trône de tes aïeux !...

LÉON, IRÈNE, THÉODORA, au Juif.

Nous ne vous quittons plus !...

ASHVÉRUS.

　　　　Mon sort, douleur amère!
Par chacun est d'être quitté...
Allez !... éloignez-vous !... je le veux !..

LÉON, IRÈNE, THÉODORA.

　　　　O mon père !...

ASHVÉRUS.

Allez pour moi du Ciel implorer la bonté !
　Puisse-t-il fermer ma paupière,
　Enfants, jusqu'à l'éternité !

IRÈNE, THÉODORA, LÉON, s'éloignant sur l'ordre du Juif.

ENSEMBLE.

Allons, pour lui, du Ciel implorer la bonté !
　Puisse-t-il fermer sa paupière,
　Hélas ! jusqu'à l'éternité !

ASHVÉRUS, écoutant les voix de ses enfants, qui se perdent au loin.

Mon Dieu ! mon Dieu ! Fais que je meure !
A cette place... Hélas ! J'ai tant marché !
Ah ! fais sonner ma dernière heure !...
Montrant la grève.
De mes maux, Seigneur, sois touché !...
Mais, ô Ciel ! quel prodige étrange
Éprouvé-je dans tous mes sens ?...
Tout en moi se confond et change...
Oui, c'est la mort !... Oui, je la sens !...
C'est le repos !... La fin de mes tourments !...

Il chancelle, et finit par tomber mourant sur un rocher de la plage.

DEUXIÈME TABLEAU.

Des vapeurs s'élèvent sur la mer. — Des nuages épais descendent des cieux. — De pâles éclairs sillonnent les nuages, au milieu desquels on voit traverser l'Ange exterminateur faisant retentir la trompette du jugement dernier.

Les nuages se dissipent, et l'on aperçoit l'immense vallée de Josaphat.

Au milieu de cette solitude, des anges, placés aux quatre points cardinaux, appellent tous les morts au jugement dernier.

A ces appels sinistres, les tombeaux s'ouvrent, et tous les trépassés de l'univers s'avancent devant leur souverain juge, en chantant le chœur suivant :

CHŒUR DES MORTS.

Qui vient donc, sous leur froide tombe,
Agiter les morts d'ici-bas ?...
Au sommeil glacé, qui succombe,
Hélas ! ne se réveille pas !

L'ANGE EXTERMINATEUR, paraissant au fond de la vallée.

La voix du Seigneur vous appelle,
Morts, levez-vous !
Devant la puissance éternelle
Paraissez tous !..

CHŒUR DES MORTS.

La voix du Seigneur nous appelle,
Morts, levons-nous !
Devant sa puissance éternelle,
Accourons tous !

L'ANGE EXTERMINATEUR.

Le voilà, ce jour redoutable,
Où le pécheur ne pèche plus !
Où, dans sa justice équitable,
Dieu fera la part des élus.

CHŒUR GÉNÉRAL, tendant les bras vers le Ciel.

Seigneur, prends-nous pour tes élus.

Sur un signe de l'ange, la vallée de Josaphat disparaît, et l'on aperçoit le gouffre béant de l'enfer, d'où s'élance une bande de démons, au milieu de torrents de flammes, saisissant les pécheurs que leur désigne l'épée de l'ange, et les entraînant dans le gouffre.

CHŒUR DE DÉMONS.

Maudits, damnés, plus de prières !
A nous, à nous tous les pécheurs !...
Ils vont souffrir de nos misères !...
Ils vont tous pleurer de nos pleurs !...

L'ANGE, désignant un autre groupe.

Et vous, heureux élus, le Seigneur vous accorde
Son séjour éternel, saint objet de nos vœux !

CHŒUR D'ANGES, au Ciel.

Venez, venez, vous les hôtes des cieux !

CHŒUR DE MAUDITS (implorant Dieu).

Seigneur ! Seigneur ! miséricorde !...
L'enfer !... l'enfer !... c'est trop cruel !...

CHŒUR DE BIENHEUREUX.

Merci, Seigneur, qui nous accorde
Désormais le bonheur au ciel !

CHŒUR DE DÉMONS.

Non, non, pas de miséricorde
Au pécheur indigne du Ciel !!

LE JUGEMENT DERNIER.

Le ciel rayonne de feux divins. Il s'ouvre, et l'on voit les Trônes, les Séraphins, les Anges, les Dominations, recevant les âmes des bienheureux que leur envoie l'Ange de justice, tandis que, du milieu des flammes qui sortent de terre, on aperçoit les Démons attirant à eux les damnés,

ACTE V.

Puis les nuages s'amoncellent de nouveau. Tout redevient obscur.... Le chaos nébuleux recommence ; et, quand il se dissipe, on retrouve la plage déserte, le Juif couché sur la grève, et se réveillant au jour naissant, sous l'épée de l'Ange vengeur debout près de lui.

ASHVÉRUS, s'agitant sur la roche où il est tombé ; puis regardant autour de lui, aperçoit l'Ange, et s'écrie avec désespoir :

Ah ! mon sort n'est pas achevé !...
J'ai cru voir terminer ma vie !...
J'ai cru ma misère finie !
J'ai cru mourir !!.. et j'ai rêvé !

L'ANGE (au Juif):

Marche ! marche ! marche toujours !
Sans vieillir, accablé de jours !...
Marche ! marche ! marche toujours !
Toujours !!!

On entend la trompette céleste ; et le pauvre Juif, reprenant son bâton, se remet péniblement en marche, et fuit devant l'Ange qui le poursuit.

FIN DU CINQUIÈME ACTE.

BRANDUS et CIE,

Éditeurs de Musique,

SUCCESSEURS DE MAURICE SCHLESINGER ET DE TROUPENAS ET CIE,

PROPRIÉTAIRES DU FONDS DE MUSIQUE DU CONSERVATOIRE,

RUE RICHELIEU, 103, A PARIS.

SUPPLÉMENT A LEUR CATALOGUE GÉNÉRAL.

MUSIQUE DRAMATIQUE.

Grandes Partitions et Parties d'orchestre.

Adam. Giralda. Op. com. en 3 actes. net.	150	»
Parties d'orchestre. net.	150	»
Chaque partie suppl. net.	15	»
Auber. Enfant prodigue (l'). Opéra en 5 actes. net.	200	»
Parties d'orchestre. net.	200	»
Chaque partie suppl. net.	20	»
Halévy. Dame de pique (la). Opéra com. en 3 actes. net.	150	»
Parties d'orchestre. net.	150	»
Chaque partie suppl. net.	15	»

Ouvertures
A GRAND ORCHESTRE.

Dame de pique (la).	20	»
Enfant prodigue (l').	20	»
Giralda.	20	»
Les mêmes en partition.	20	»

Airs de ballet
A GRAND ORCHESTRE.

Les quatre airs de ballet du Prophète :
1. La valse
2. Redowa
3. Quadr. des patineurs
   Galop. } net. 30 »

MUSIQUE VOCALE.

Partitions
POUR CHANT ET PIANO.

Adam. Giralda. in-8, net.	15	»
Auber. La Muta di Portici, avec paroles italiennes. in-8, net.	15	»
— Enfant prodigue (l'). net.	40	»
Donizetti. La Favorita, avec paroles italiennes. in-8, net.	15	»
Halévy. La Fée aux roses. in-8, net.	15	»
— La Dame de pique. in-8, net.	15	»
— La Tempesta. in-8, net.	12	»
Meyerbeer. Il Profeta, avec paroles italiennes. in-8, net.	20	»
— Roberto il Diavolo, avec paroles italiennes. in-8, net.	20	»

Airs d'opéras
AVEC ACCOMPAGNEMENT DE PIANO OU GUITARE.

GIRALDA.
(ADAM.)

1. *Couplets.* O mon habit, mon bel habit de mariage . . . **T.** net.	1	50
2. *Cavatine.* Rêve heureux. . . **S.** net.	1	50
2 bis. La même, transposée . . . net.	1	50
3. *Duo.* Faut-il donc vous aider. **T. S.** net	4	»
4. *Air.* Rêve si doux . . . **T.** net.	3	»
4 bis. Le même, transposé . . . net.	3	»
5. *Duo.* C'est dans l'église du village. **T. T.** net.	4	»

Suite des Airs d'opéras.

5 bis. Le même, transposé . **T. B.** net.	4	»
6. *Air.* Que saint Jacques et les saints me viennent en aide . . net.	3	»
6 bis. Le même, transposé . . . . net.	3	»
7. *Couplets.* Tant que j'étais . . **T.** net.	2	»
8. *Duo.* O dieu d'amour . . **T. S.** net.	4	»
9. *Trio.* Où donc est-il mon doux seigneur . . **T. B. S.** net.	4	»
10. *Air.* De cette pompeuse retraite. **S.** net	3	»
11 bis. Le même, transposé. . . . . net.	3	»
11. *Romance.* Je suis la reine. . . **S.** net.	1 50	
12. *Air bouffe.* Je ne puis affirmer si celui que j'accuse . . . **T.** net.	2	»
13. *Couplets.* Il a parlé, terreurs soudaines. . . . . **S.** net.	2	»
14. *Romance.* Anges des cieux, charme des yeux. . . . **B** net.	1 50	
14 bis. La même, transposée . . . net.	1 50	
15. *Duo.* O perfidie, qui sacrifie. **T. S.** net.	3	»
16. *Air et variations.* Par vous brille la Castille. . . **S.** net.	1 50	
16 bis. Les mêmes, transposés . . . net.	1 50	

LA DAME DE PIQUE.

(HALÉVY.)

1. *Air.* C'est un feu qui brûle sans cesse. . . . . . **B.**	4 50	
2. *Air.* Quand la blanche neige . . **T.**	3 75	
2 bis. Le même, transposé une tierce plus bas.	3 75	
3. *Légende.* Soudain un démon apparut. . . . . **S.**	4 50	
3 bis. La même, transposée pour centr'alto.	4 50	
4. *Grand duo.* Depuis trois mois je porte cet insigne. . . . **T. T.**	7 50	
5. *Romance et air.* Créneaux que je vois apparaître . . . . . **S.**	6	»
6. *Romance* seule, extraite du n° 5. Créneaux que je vois apparaître . . . . **S.**	3	»
6 bis. La même, transposée un ton plus bas	3	»
7. *Romance.* Ma sentence est prononcée . . . . . **T.**	3 75	
7 bis. La même, transposée une tierce plus bas.	3 75	
8. *Couplets du jeu.* Je n'ai qu'un plaisir et qu'un vœu. . . . **B.**	5	»

Suite des Airs d'opéras.

8 bis. Les mêmes, transposés une tierce plus haut	5	»
9. *Couplets.* Ces tristes retraites. . **S.**	3	»
9 bis. Les mêmes, transposés un ton plus bas.	3	»
10. *Récit et romance.* Constantin, je l'ai dit, sortira de ces lieux. **S.**	4 50	
10 bis. *Romance* à 2 voix, extraite du n° 10. Dans ces demeures souterraines. . . . **S. T.**	4 50	
11. *Grand duo.* Allons donc, lâche, et que cette liqueur. **S. B.**	9	»
12. *Romance.* Le trois, le dix et la dame de pique. . . . . . . **B**	4	
12 bis. La même, transposée un ton plus haut.	4 50	
13. *Quintette.* O surprise ! ah ! tout marche	6	»
14. *Couplets.* Non seulement je suis bossue . . . . **S.**	5	»
14 bis. Les mêmes, transposés un ton plus bas.	5	»
15. *Grand duo.* Ne suis-je pas une sœur, une amie. . . . . **S. T.**	9	»
15 bis. *Romance* extraite du duo : Et qui vous oblige à de tels aveux. **S.**	3	»

L'ENFANT PRODIGUE.

(AUBER.)

	Piano.		Guitare.	
	f.	c.	f.	c.
1. *Chœur.* O roi des cieux ! ô roi des anges !	4	50		
1 bis. Le même, pour 3 voix de femme.	4	50		
2. *Air.* Toi qui versas la lumière ! . . . . **Bar.**	6	»	3	»
2 bis. Le même, transposé pour voix de ténor.	6	»		
2 ter. Le même, transposé pour voix de basse.	6	»		
3. *Air.* L'aurore étincelante. . **S.**	7	50		
4. *Duo.* Vous devez envoyer à Memphis. . . . . . **T. Bar.**	6	»		
5. *Romance.* Allez, suivez votre pensée . . . . . **S.**	3	»	2	»
6. *Couplets.* Doux séjour où chaque jour . . . . **T.**	3	»	1	»
6 bis. Les mêmes, pour voix de basse.	3	»		
7. *Air.* Quel ciel de pourpre et d'azur ! . . . . **B**	3			
7 bis. Le même, transposé pour voix de ténor.	3	»		
8. *Romance.* Il est un enfant d'Israël . . . . . . **Bar.**	4	50	2	»

Suite des Airs d'opéras.

	Piano.	Guitare.
	f. c.	f. c.
8 bis. La même, transposée pour voix de ténor.	4 50	
8 ter. La même, transposée pour voix de basse.	4 50	
	4 50	
9. *Couplets* extraits du chœur : Ô céleste Isis, aimable déesse.	3 »	
10. *Duo.* D'où viennent ces cris ? . . . . **S. B.**	6 »	
11. *Romance.* Quand vient la mort. . . . . **S.**	3 »	4 »
11 bis. La même, transposée. . .	3 »	
11 ter. O vallons de Gessen !. . .	3 »	
12. *Couplets du chamelier.* Ah ! dans l'Arabie. . . . . **S.**	4 50	2 »
12 bis. Les mêmes, transposés. .	4 50	
13. *Air.* De Memphis et de Babylone. . . . . **S.**	6 »	
13 bis. Le même, transposé. . .	6 »	
14. *Air.* O honte ! ô déshonneur ! **T.**	7 50	
14 bis. Le même, transposé. . .	7 50	
15. *Romance.* J'ai tout perdu, Seigneur. . . . . . . **T.**	3 »	2 »
15 bis. La même, transposée. . .	3 »	
16. *Couplets.* Du soleil les feux ardents. . . . . . . **S.**	3 75	4 »
17. *Cavatine.* Dans son âme, ô mon Dieu. . . . . **S.**	2 50	
18. *Romance.* O campagne chérie. . . . . **T.**	3 75	2 »
18 bis. La même, transposée. . .	3 75	
19. *Duo.* Oui, je suis coupable. . . . . **T. S.**	6 »	
20. *Air de la Reconnaissance:* Mon fils, c'est toi. . . . **Bar.**	3 75	2 »
20 bis. Le même, transposé . . .	3 75	
21. *Chœur final* avec *soli.* Gloire à l'éternel !	3 75	

Romances

AVEC ACCOMPAGNEMENT DE PIANO.

Adam. La Petite Chanteuse.	2 50
Mᵐᵉ Bourges. La Belle Madelon. . . .	2 50
E. Dassier. Marcel le Marin.	2 50
— Je suis Braconnier	2 50
— La malédiction	2 50
— La Chanson du Capitaine. . . .	2 50
— Iselle la Batelière.	2 50
— Les Matelots, barcarolle à 2 voix. .	2 50
F. David. Le Ramier.	2 50
Duprez. Régina, *légende*.	2 50
Halévy. Fabliau.	2 50
— Sisca l'Albanaise.	2 50
— La Venta.	2 50
Meyerbeer. Confidences	2 50
Panseron. L'heure des Rêves. . . .	2 50

Suite des Romances.

Rossini. *Alla voce della Gloria,* scène et air pour voix de basse avec accompagnement de piano.	7 50
— L'Amour perdu. . . . . . . *net.*	1 25
— Le Chant du soir. . . . . . *net.*	1 25
— La Gaieté. . . . . *net.*	1 25
— Œdipe, air de basse. . . . . *net.*	1 75
Vivier. L'Exilé.	2 50

MUSIQUE RELIGIEUSE.

Adam. *Mois de Marie,* de Saint-Philippe, 8 motets à une et deux voix, avec accompagnement d'orgue.

N° 1. *Ave Maria,* hymne à *la Vierge,* solo pour soprano et accomp. de hautbois, ad libitum.	3 »
2. *Ave Maria,* solo pour contralto . . .	3 »
3. *Ave Maria,* duo pour soprano et contralto, avec accomp. de hautbois, ad libitum	4 50
4. *Ave Verum,* solo pour soprano . . .	2 50
5. *Ave regina cœlorum,* duo pour soprano et mezzo soprano	3 75
6. *Inviolata,* duo pour soprano et mezzo soprano	3 75
7. *O salutaris,* pour soprano	3 »
8. *Ave maris stella,* duo pour soprano et mezzo soprano	5 »
Rossini. *Tantum Ergo,* à 3 voix, avec accomp. de piano.	9 »
Les parties d'orchestre.	15 »
En grande partition . .	15 »
— *Quoniam,* pour voix de basse, avec accomp. de piano.	7 50
Les parties d'orchestre.	12 »
En grande partition . .	12 »

MUSIQUE INSTRUMENTALE.

ACCORDÉON.

Florenino. Petite méthode d'accordéon suivie d'airs favoris faciles. . . . . 5 »

CLARINETTE.

Brepsant. Souvenir de Bellini, fantaisie concertante pour 2 clarinettes, avec accompagnement de piano. 7 50

Suite de la Clarinette.

Brepsant. Fantaisie originale pour clarinette avec accompagnement de piano. . . . . 9 »
— Id. avec accomp. d'orchestre. . . . 12 »
Kuffner. Les airs de *Haydée* pour clarinette seule . . . . 5 »

CORNET A PISTONS.
Airs d'opéras
POUR CORNET SEUL.

Dame de Pique (la). . . . . 6 »
Diamants de la Couronne (les). . . . . 5 »
Dieu et la Bayadère (le). . . . . 5 »
Duc d'Olonne (le). . . . . 5 »
Enfant Prodigue (l'). 7 50
Giralda. 7 50
Haydée. . . . . 5 »
Lestocq. . . . . 5 »
Moïse. . . . . 5 »
Part du Diable (la). . . . . 5 »
Zanetta. . . . . 5 »

Duos
POUR CORNET A PISTONS ET PIANO.

Fessy et **Boulcourt.** Fantaisie concertante sur *Haydée*. 7 50
Guichard. Op. 18. Duo brillant sur *le Prophète*. . . . . net. 4 »

Airs d'opéras
POUR 2 CORNETS A PISTONS.

Dame de Pique (la), arrangée par Guichard. 2 Suites, chaque. 7 50
Enfant prodigue (l') arrangé par Guichard. 2 Suites, chaque. . . . . . . 9 »
Giralda, arrangé par Caussinus. 2 S. ch. 9 »
Prophète (le) arrangé par Guichard. 2 S. ch. 9 »

FLUTE.
Leplus. Trois fantaisies sur *Giralda*, pour flûte avec accompagnement de piano. 3 Suites chaque. 7 50
— Les mêmes pour flûte seule. Les 3 réunies. 7 50
— Op. 44. Fantaisie brillante pour flûte, avec accompagnement de piano, sur *l'Enfant prodigue*. . . 9 »
Tulou. Grand duo sur la *Cenerentola*, pour flûte et piano. . . . . 9 »
— Duo brillant sur *Haydée*, pour flûte et piano. . . . . 9 »

Ouvertures et Airs d'Opéras
POUR FLUTE SEULE ET POUR 2 FLUTES.
Arrangés par Walckiers.

Ouverture de *Giralda*, pour 2 flûtes. . net. 2 »
Airs de *Giralda*, pour flûte seule. . . . 7 50
— id. pour 2 flûtes. 2 suites, ch. 7 50
Ouverture de *l'Enfant prodigue*, pour 2 flûtes. 4 50
Airs de *l'Enfant prodigue* pour 2 flûtes, 2 suites, chaque. . . . . 9 »
Airs de *l'Enfant prodigue* pour flûte seule. . 7 50
Ouverture de *la Dame de pique* pour 2 flûtes. 4 50
Airs de *la Dame de Pique*, 2 suites, chaque. 9 »
Airs de *la Dame de Pique*, pour flûte seule. 7 50

GUITARE.
M. Carcassi. Op. 60. Vingt-cinq études mélodiques et progressives, faisant suite à sa méthode. . . . . 9 »

HARMONIE
ET MUSIQUE MILITAIRE.

Fessy. La Californie, pas redoublé sur le *Violon du Diable*. . . . . 5 »
— Deux quadrilles de Musard sur *l'Enfant prodigue*, chaque. 7 50
Mohr. Deux pas redoublés sur *Giralda*, 2 suites, chaque . . . . 6 »
— Trois pots-pourris sur *l'Enfant prodigue*, 1re et 3e suites, chaque. . 15 »
La 2e suite. . . . . 20 »
— Ouverture de *l'Enfant prodigue*. . . 20 »
— Deux pas redoublés sur *l'Enfant prodigue*, 2 suites, chaque. . . . 5 »
— Deux pas redoublés sur *la Dame de Pique*, 2 suites, chaque . . . . 5 »
La Rosée, polka de Pasdeloup. . . . . 6 »
Schottisch de *Giralda*, de Pilodo. . . . 19 »
Wattier. Ouverture de *Giralda*. . . . 20 »

Fanfares
POUR MUSIQUE DE CAVALERIE.

Fessy. Le Trompette du régiment, six morceaux.
1. Fantaisie sur *Haydée*. . . . . . 9 »
2. Pas redoublé sur *le Domino noir*. 5 »
3. *Romélie*, grande valse. . . . . 9 »
4. Pas redoublé sur *le Serment*. . . 5 »
5. *Le Carnaval de Paris*, quadrille. 9 »
6. Pas redoublé sur *l'Ambassadrice*. 6 »
— Trois fanfares sur *l'Enfant prodigue*, 3 suites, chaque. . . . . 5 »
— Trois fanfares sur *la Dame de Pique*, 3 suites chaque. . . . . 5 »

HARMONIUM OU MELODIUM.

Adam (A.). Fantaisie sur *la Muette de Portici*, composée par S. Thalberg, arrangée pour mélodium et piano. 9 »

Miolan. Fantaisie sur *Moïse*, composée par S. Thalberg, arrangée pour mélodium et piano. 9 »

HARPE.

Labarre. Op. 120. Trois mélanges pour harpe et piano :
- N°s 1. Haydée. 9 »
- 2. La Sirène. 9 »
- 3. La Donna del lago. 9 »
- — Duo sur les motifs du *Prophète*, pour harpe et piano. net. 4 »

HAUTBOIS.

Verroust. Op. 54. Fantaisie sur *le Prophète*, pour hautbois avec accompagnement de piano. 7 50

PIANO.

Études.

Ch. Czerny. Op. 818. Cinquante études de la Volubilité, 2 suites ch. 12 »
— Op. 817. Quatre-vingts petits morceaux faciles et progressifs, en 2 suites chaque. 12 »

Fantaisies et Airs variés.

Adam (A.). Six petits airs du *Prophète*. net. 2 »
— Mélange sur *Giralda*. net. 2 50
— Six petits airs de *Giralda*. net. 2 50
— Deux mosaïques sur l'*Enfant prodigue*, 2 suites, chaque. 6 »

Beyer (Fr.). Op. 42. Souvenir des *Puritains*, fantaisie. 6 »
— Op. 74. Morceau de salon sur la *Part du diable*. 6 »
— Op. 87. Divertissement sur des motifs de *Guillaume Tell*. 5 »
— Mosaïque sur le *Lac des fées*. 9 »
— Le *Tremolo*, de Ch. de Bériot, arrangé pour le piano. 6 »

Blumenthal. Op. 14. La Plainte. net. 3 »
— Op. 15. L'Eau dormante. net. 3 »
— Op. 16. Consolation, fantaisie. net. 3 »
— Op. 17. Marche militaire. 5 »
— Op. 17 bis. Marche funèbre. 5 »
— Op. 18. Scène de ballet. 7 50
— Op. 19. Nocturne impromptu. 5 »
— Op. 20. Trois mazurkas. 7 50

Suite du Piano.

Brisson. Op. 40. Fantaisie sur *Giralda*. 7 50
Burgmuller (Fr.). Valse sur *Giralda*. 7 50
— Valse brillante sur l'*Enfant Prodigue*. 5 »
— Valse sentimentale sur la *Dame de pique*. 5 »
— Rondo russe sur la *Dame de pique*. 5 »
— Op. 99. Fantaisie brillante sur la *Tempesta*. 6 »

Comettant (O.) Op. 36. Fantaisie sur *Giralda*. 7 50
Devos. Op. 10. Le Retour dans les montagnes, impromptu. 5 »
Doehler (Th.). Op. 70. 12e nocturne. net. 2 »
Duvernoy (J.-B.). Op. 190. Fantaisie sur *Giralda*. net. 3 »
— Op. 193. Deux fantaisies faciles sur l'*Enfant prodigue*, 2 suites ch. 5 »
— Op. 195. Fantaisie facile sur la *Dame de pique*. 5 »

Gerville (Pascal). Le Bengali au réveil, bluette. 4 »
— Le Carillon de mon clocher, impromptu. 4 »
— Rossignol et Fauvette, étude de salon. 5 »

Heller (St.). Op. 72.
- N°s 1. Le Chant du matin. 4 50
- 2. Le Chant du troubadour. 4 50
- 3. Le Chant du dimanche. 4 50
— Op. 73.
- N°s 1. Le Chant du chasseur. 3 »
- 2. L'Adieu du soldat. 4 50
- 3. Le Chant du berceau. 4 50
— Op. 74. N° 1. Fantaisie sur l'*Enfant prodigue*. 5 »
- N° 2. Valse brillante sur l'*Enfant prodigue*. 5 »
— Op. 75. N° 1. Rondo, caprice sur la *Dame de pique*. 5 »
- N° 2. Romance variée sur la *Dame de pique*. 5 »

Hunten (Fr.). Op. 173. Fantaisie sur la *Fée aux roses*. net. 2 50
Lecarpentier. 118e et 119e Bagatelles sur *Giralda*, chaque. net. 2 »
— 122e et 123e Bagatelles sur l'*Enfant prodigue*, chaque. 5 »
— 124e et 125e Bagatelles sur la *Dame de pique*, chaque. 5 »

Liszt (Fr.). Mazurka brillante. net. 3 »
Luce. Sérénade. net. 3 »
— Boléro. net. 3 »

Suite du Piano.

Mendelssohn-Bartholdy. Op. 82.
    Variations. . . . . net. 3 »
— Op. 83. Andante avec variations. net. 3 »
— Op. 85. 7° Recueil de romances sans paroles 7 50
G. Mathias. Op. 10. Dix études de genre. 20 »
— Op. 11. Pastorale et air de danse. . 6 »
— Op. 12. Mazurka capriccio. . . . . 6 »
H. Potier. Cinq airs de ballet et deux marches de l'*Enfant prodigue*.
    N°* 1. La Valse. . . . . 3 »
    2. Pas de la séduction. . . . . 5 »
    3. Pas des almées. . . . . . . 3 »
    4. Pas des poignards. . . . . . 4 »
    5. L'orgie . . . . 6 »
    6. Marche du bœuf Apis. . . . 3 »
    7. Marche de la caravane . . . 4 »
Redler. Op. 144. Fantaisie sur *Giralda*. 5 »
— 147. Petite fantaisie sur l'*Enfant prodigue*. . . . . 6 »
H. Rosellen. Op. 122. Fantaisie sur *Giralda*. . . . . 9 »
— Op. 125. Fantaisie sur l'*Enfant prodigue*. . . . . 9 »
— Op. 126. Fantaisie sur la *Dame de pique*. 7 50
Sowinski. Op. 74. Fantaisie brillante sur le *Prophète*. . . . . . net. 3 »
— 79. Fantaisie brillante sur l'*Enfant prodigue*. 7 50
A. Talexy. Op. 32. Fantaisie brillante sur l'*Enfant prodigue* 7 50
S. Thalberg. Op. 57. Decameron :
    N° 9. Fantaisie sur le *Prophète*. . . 7 50
    10. Fant. sur des *Airs irlandais*. 7 50
Wartel. Op. 44. Andante . . . . . . 6 »
Wilhmers. Op. 68. Fantaisie de concert sur le *Prophète*. . . . . . net. 4 »
— Op. 73. Le Berceau, les Adieux, les Regrets, 3 fantaisies. 7 50
— Op. 74. Le Rossignol, thème varié en trilles. . . . . 6 »
Ch. Voss. Op. 113. La Cascade des fleurs. 6 »
— Op. 120. Fantaisie de salon sur *Giralda*. . . . . 6 »
— Op. 99. Trois fleurs : la Rose, la Violette, l'Amarante. . . . . . 6 »
— Op. 122. Fantaisie sur la *Dame de pique*. . . . . 6 »

Partitions
ARRANGÉES POUR PIANO SOLO.

Format in-8.

Auber. Haydée. . . . . net. 8 »
— La Part du diable . . . . . net. 8 »
Halévy. La Fée aux roses. . . . net. 8 »
— Giralda . . . . net. 8 »
Meyerbeer. Le Prophète. . . . net. 10 »

Ouvertures
POUR PIANO, AVEC ACCOMPAG. DE VIOLON AD LIB.

Adam. Giralda. . . . . net. 2 50
Auber. L'Enfant prodigue. 7 50
Halévy. La Fée aux roses. . . . net. 2 50
— La Dame de pique. 7 50
Meyerbeer. Le Prophète, arrangé par Alkan. . . . . net. 3 »

Quadrilles
POUR LE PIANO AVEC ACCOMPAGNEMENT AD LIB.

Lecarpentier. La Fée aux roses. net. 2 »
— Giralda. . . . . net. 2 »
— Enfant prodigue (l'). 4 50
Musard. La Fée aux roses, deux quadrilles. . . . . . . chaque, net. 2 »
— Giralda, deux quadrilles. chaq. net. 2 »
— Enfant prodigue (l'), deux quadrilles. chaque. 4 50
— Dame de pique (la), deux quadrilles. chaque. 4 50
— Tempesta (la). 4 50
Pilodo. Enfant prodigue (l'). 4 50
Strauss. Enfant prodigue (l'). 4 50

Valses et Galops
POUR LE PIANO.

Bilse. Sturm, marsch, galop. . . . . . 3 »
Beyer (Fr.). Valse du *Domino noir*. . 5 »
Ettling. Valse brillante sur *Giralda*. net. 2 »
— Valse sur l'*Enfant prodigue*. . . 5 »
— Valse sur la *Dame de pique*. . . 5 »
Gungl. Galop des Chemins de fer. . . 2 50
Talexy. Hercule, grand galop. . . . 5 »
Labitzky. Riquiqui, galop. . . . . . 3 »
— Espérance (l'), galop. 4 50
Labitzky. 68. Souvenir de Berlin. 4 50
— Op. 170. Souvenir de Hanovre. . 4 50
— Op. 172. Souvenir de Hongrie. . 4 50
— Op. 174. Antonia. 4 50
— Op. 176. Le Troubadour. 4 50

Polkas, Mazurkas, Redowas Schottischs
POUR LE PIANO.

Burgmuller. Polka-mazurka sur la *Fée aux Roses*. . . . . *net.* 4 »
Daniel. Schottisch sur l'*Enfant prodigue*. 4 »
Devos. Op. 9. L'Élégante polka. . . . 4 50
Ettling. Polka sur la *Dame de pique*. . . 4 »
— Polka sur l'*Enfant prodigue*. . . . 4 »
Kœnig. L'Éclipse, polka. . . . . 2 »
— Jupiter, polka-tremolo . . . . . 2 »
Kuhner. La Rêveuse, polka. . . . . . 2 »
Pasdeloup. Polka-mazurka sur *Giralda*. . . . . *net.* 4 50
— Schottisch sur *Giralda*. . . . *net.* 2 »
— Polka-mazurka sur l'*Enfant prodigue*. 4 »
— id. sur la *Dame de pique*. 4 »
— Polka sur la *Tempesta*. . . . . . 4 »
Pilodo. Redowa sur *Giralda*. . . . *net.* 4 50
— Polka sur *Giralda*. . . . . *net.* 4 50
— Les Étincelles, polka. . . . *net.* 4 »
— Schottisch de Mabille . . . . *net.* 4 50
— Schottisch sur la *Dame de pique*. . 4 »
Talexy. Wanda, polka-mazurka. 4 50
— Diane id. . . . . 5 »
Wallerstein. Op. 49. L'Aéronaute, polka. . . . . *net.* 4 50
— Op. 49 bis. La Tempête, polka. *net.* 4 50
— Op. 54. San-Francisco, polka. *net.* 4 50
— Op. 56. Le Train de plaisir, polka. *net.* 4 50

PIANO A QUATRE MAINS.

Beyer. Mosaïque sur les *Diamants de la couronne*. . . . . 6 »
Mlle Decourcelle. Op. 28. Fantaisie sur la *Dame de pique*. . . . . . 9 »
Duvernoy (J.-B.). Op. 194. Petite fantaisie sur l'*Enfant prodigue* . . . 5 »
Hunten (F.). Op. 174. Fantaisie sur *Giralda* 7 50
Mendelssohn-Bartholdy. Op. 83 bis. Andante et variations. *net.* 4 »
Osborne. Duo brillant sur le *Barbier de Séville*, arrangé à 4 mains d'après le duo de Ch. de Bériot . . . . 40 »
Rosellen. Op. 124. Grand duo sur la *Favorite*. . . . . 9 »
Wolff (E.). Op. 163. Duo brillant sur l'*Enfant prodigue*. . . . . 9 »

Ouvertures
POUR LE PIANO A 4 MAINS.

Dame de pique (la). . . . . 9 »
Enfant prodigue (l'). . . . . 9 »
Fée aux roses (la). . . . . . . *net.* 3 »
Giralda. . . . . *net.* 3 »
Prophète (le), arrangé par Alkan. . . *net.* 4 »

Quadrilles, Valses, Polkas, Redowas, Schottischs
A 4 MAINS.

Ettling. Grande valse sur *Giralda*. *net.* 3 »
— Valse sur l'*Enfant prodigue* . . . . 6 »
— Polka sur l'*Enfant prodigue* . . . . 6 »
— Valse sur la *Dame de pique*. . . . 6 »
— Polka sur la *Dame de pique* . . . 6 »
Labitsky. L'Orient, valse . . . . . . 5 »
— Souvenir de Berlin, valse . . . . 5 »
— Souvenir du Hanovre, valse . . . 5 »
— Le troubadour. . . . . 5 »
Musard. *Giralda*, 2 quadrilles. ch. *net.* 2 »
— *Enfant prodigue* (l'), 2 quadrilles ch. 4 50
— *Dame de pique* (la) 4 50
— *Tempesta* (la) 4 50
Pilodo. Redowa de *Giralda* . . . *net.* 2 »
— Polka de *Giralda*. . . . . . *net.* 2 »
— Schottisch de Mabille. . . . *net.* 2 »
— Quadrille sur l'*Enfant prodigue* . . 4 50
Strauss. Quadrille sur l'*Enfant prodigue* 4 50
— Quadrille sur la *Dame de pique*. . 4 50
A. Talexy. *Wanda*, polka-mazurka. . . 6 »

VIOLON.
Airs variés, Fantaisies et Duos
POUR VIOLON ET PIANO.

Bériot (Ch. de). Op. 67. Première sonate concertante pour piano et violon. 9 »
— Op. 72. Duo brillant pour piano et violon, sur le *Pirate*. . . . . . 9 »
— Op. 69. Dixième air varié pour violon avec accompagnement de piano. 9 »
— Id. avec accompagnem. d'orchestre. 18 »
— Op. 70. Sixième concerto pour violon avec accompag. de piano. . . 20 »
— Id. complet avec orchestre . . 30 »
— Id. le quatuor seul. . . . . . 10 »
— Id. l'orchestre seul. . . . . . 20 »
— 7e Concerto, avec accompagnement de piano . . . . 18 »
— Le quatuor . . . . . . 10 »
— L'orchestre. . . . . . 15 »
Doehler. Op. 74. Andante pour piano et violon . . . . *net.* 3 »

Suite du Violon.

Ernst. Op. 22. *Airs hongrois* variés pour le violon avec accomp. de piano . . 9 »
— Op. 23. Concerto, Allegro pathétique, avec accompag. de piano . 18 »
Le Cieux. Op. 8. Fantaisie pour piano et violon, sur le *Duc d'Olonne* . . 9 »
N. Louis. Op. 201. Sérénade pour piano et violon sur *Giralda* . . . net. 4 »
— Op. 211. Nocturne concertant sur la *Dame de Pique* . . . . 9 »
— Op. 210. Fantaisie mélodique sur l'*Enfant prodigue* . . . . 9 »
Vieuxtemps et **Rubinstein.** Duo pour piano et violon, sur le *Prophète* . . . . net. 4 »

Airs d'opéras
POUR VIOLON SEUL.

La Dame de Pique . . . . net. 7 50
Le Dieu et la Bayadère . . . . 5 »
L'Enfant prodigue 7 50
La Fiancée . . . . 5 »
Giralda 7 50
Le Lac des Fées . . . . 5 »
Le Philtre . . . . 5 »
Robert le Diable 7 50

Ouvertures et Airs d'opéras
POUR DEUX VIOLONS.

Ouverture de *Giralda*, arr. par N. Louis. net. 2 »
Airs de *Giralda* . . . . 2 suites, chaque. 7 50
Ouverture de l'*Enfant prodigue*, arrang. par Panofka 4 50
Airs de l'*Enfant prodigue*, arr. par Panofka. 2 suites, chaque. 9 »
Ouverture de la *Dame de Pique*, arr. par Panofka 4 50
Airs de la *Dame de Pique*, arr. par Panofka. 2 suites, chaque. 9 »

VIOLONCELLE.

Lee. Op. 58. Divertissement sur l'*Enfant prodigue* pour violoncelle, avec accompagnement de piano . . . 7 50
— Op. 59. Sérénade sur la *Dame de Pique* pour violoncelle, avec accompagnement de piano. . . . 5 »

Quadrilles, Valses, Polkas et Redowas
POUR PETIT ET GRAND ORCHESTRE.

Ettling. Grande valse de *Giralda*.
Petit orchestre. . . . . . net. 2 50
Grand orchestre . . . . . net. 3 50

Suite des Quadrilles, etc., pour orchestre.

Ettling. Valse sur l'*Enfant prodigue*.
Petit orchestre. . . . . 6 »
Grand orchestre. . . . . 9 »
— Polka sur l'*Enfant prodigue*.
Petit orchestre . . . . 6 »
Grand orchestre . . . . 9 »
— Valse sur la *Dame de pique*.
Petit orchestre . . . . 6 »
Grand orchestre . . . . 9 »
— Polka sur la *Dame de pique*.
Petit orchestre. 4 50
Grand orchestre. 7 50
Labitzky. Souvenir de Berlin, valse en quintette . . . . 6 »
Pour orchestre . . . . 9 »
Musard. Giralda, 2 quadrilles.
Petit orchestre, chaque . . . . 6 »
Grand orchestre, chaque. . . . 9 »
— Enfant prodigue (l'), 2 quadrilles.
Petit orchestre, chaque . . . . 6 »
Grand orchestre, chaque . . . 9 »
— Dame de pique (la), 2 quadrilles.
Petit orchestre, chaque . . . . 6 »
Grand orchestre, chaque. . . . 9 »
— Tempesta (la).
Petit orchestre . . . . 6 »
Grand orchestre . . . . 9 »
Pasdeloup. Polka-mazurka de l'*Enfant prodigue*.
Petit orchestre. . . . . 5 »
Grand orchestre 7 50
Pilodo. Redowa de la *Fée aux roses*.
Petit orchestre . . . . . net. 2 »
Grand orchestre. . . . . net. 3 »
— Schottisch sur la *Dame de pique*.
Petit orchestre 4 50
Grand orchestre 7 50
Wallerstein. Fanny Elsler, polka.
Petit orchestre. . . . . . net. 2 »
Grand orchestre. . . . . . net. 3 »
— Cerrito, polka.
Petit orchestre. . . . . . net. 2 »
Grand orchestre. . . . . . net. 3 »

Trio, Quatuor, Quintetti et Sextuor.

Ch. de Bériot. Op. 74. Second grand trio pour piano, violon et violoncelle . . . . 15 »
Cappa. Trois Quintetti pour trois violons, alto et violoncelle . . . . . net. 6 »
Morel (Auguste). Quatuor pour deux violons, alto et violoncelle. . . net. 6 »
G. Onslow. Op. 77. Grand sextuor pour piano, flûte, clarinette, basson, cor et contrebasse, ou piano, 2 violons, alto, violoncelle et contrebasse . . 20 »

Paris. — Imprimerie de L. MARTINET, rue Mignon, 2.

Bureaux à Paris, boulevard des Italiens, 1.

Paris, un an, 24 fr. — Départements et Belgique, 30 fr. — Étranger, 34 fr.

REVUE
ET
GAZETTE MUSICALE
DE PARIS.

19ᵉ ANNÉE.

A ce Journal appartient l'honneur d'avoir fondé la presse musicale en France et d'en avoir toujours occupé le premier rang.

La *Revue et Gazette musicale* a donc pour recommandation sa durée, et cette durée a pour bases le mérite, l'utilité, la popularité.

Histoire de l'art ancien et moderne, questions du moment, théories profondes, analyses légères, critique, biographie, anecdotes, tout s'y trouve réuni dans un cadre non moins étendu que varié.

La collection de la *Revue et Gazette musicale* forme une véritable encyclopédie, et quiconque s'intéresse à la musique ou aux musiciens ne saurait trouver ailleurs des documents plus sûrs et plus complets.

Aujourd'hui que ce Journal entre dans sa dix-neuvième année, il n'a qu'à persévérer dans la voie qu'il a toujours suivie; son passé est la meilleure garantie qu'il puisse donner de son avenir.

Les abonnés reçoivent tous les mois un morceau de musique, et comme prime,

Immédiatement en s'abonnant :

1° **Quarante Mélodies** de F. Schubert en un beau volume de 180 pages, contenant :

Adieu.—**A la mort.**—**A Mignon.**—**Les Astres.**—**L'Attente.**—**Ave Maria.**—**Barcarolle.**—**Le Berceau.**—**Chanson des Chasseurs.**—**Le Chasseur des Alpes.**—**La Cloche des Agonisants.**—**Dans le bosquet.**—**Le Départ.**—**Désir.**—**L'Écho.**—**Éloge des larmes.**—**L'Exilé.**—**Illusion.**—**Impatience.**—**La jeune Fille et la Mort.**—**La jeune Mère.**—**La jeune Religieuse.**—**Les Larmes.**—**Marguerite.**—**Le Pêcheur.**—**Les Plaintes de la jeune Fille.**—**La Plainte du Pâtre.**—**La Poste.**—**Regrets.**—**Le Roi des Aulnes.**—**La Rose.**—**Rosemonde.**—**Sérénade.**—**Sois toujours mes seules amours.**—**Suleika.**—**Sur le bord du lac.**—**La Truite.**—**Le Vieillard.**—**Vision.**—**Le Voyageur.**

2° **Album de danse** par Musard, contenant cinq nouveaux quadrilles, une valse et une polka :

Le Palais de Cristal, quadrille des Nations : air allemand, air arabe, air français, air américain, air cosaque. — **Quadrilles nouveaux** sur la *Favorite* et les *Rendez-vous bourgeois*. — **Une Nuit à l'Opéra**, quadrille original. — **La Reine de Chypre**, quadrille inédit. — **Les Lingots d'or** suite de valses, et **Ouistiti**, polka.

AVIS.

Les anciens magasins de musique de la rue Vivienne, 40, et de la rue Richelieu, 87, sont maintenant réunis au grand local général,

Rue Richelieu, 103.

BRANDUS ET Cie,
ÉDITEURS DE MUSIQUE,

Successeurs de Maurice Schlesinger et de E. Troupenas et Cie,

Propriétaires du fonds de musique du Conservatoire.

Rue Richelieu, 103.

GRAND
ABONNEMENT
A LA LECTURE MUSICALE.

Un an, 30 fr. — Six mois, 16 fr. — Trois mois, 12 fr. — Un mois, 5 fr.

Notre abonnement de musique, le plus considérable de Paris, se compose du répertoire complet des œuvres anciennes, classiques et modernes.

Nous mettons à la disposition des Abonnés :

Les grandes Partitions d'orchestre, les Partitions pour piano et chant, françaises, italiennes et allemandes ; les Partitions pour piano seul, à 2 et à 4 mains ; des Morceaux de piano seul, à 2 et 4 mains, ou concertants avec divers instruments, de tous les auteurs anciens et modernes ; enfin des Ouvertures, Quadrilles, Valses, Polkas, Redowas, etc.

L'abonné reçoit à la fois TROIS morceaux, qu'il a le droit de changer tous les jours. Une partition compte pour deux morceaux. Les abonnés de province ont droit à six morceaux.

Sont exclus de la lecture :

1° Les Morceaux de chant détachés des opéras.
2° Les Romances, Mélodies et Duos.
3° Les Méthodes, Solféges, Études et Vocalises.

Dispositions générales.

1° L'abonné est obligé d'avoir un carton, sans lequel il ne peut venir ou envoyer échanger la musique.
2° Les doigtés sur les morceaux sont rigoureusement interdits.
3° Les abonnés qui ont reçu des morceaux neufs, et qui les rapporteront roulés, tachés, déchirés, doigtés ou incomplets, en paieront la valeur.
4° L'abonné ne peut garder une partition plus de quinze jours.

Le service de l'abonnement ne se fait point les dimanches et jours de fête.

Les abonnements se paient d'avance.

Rue Richelieu, 103.

Paris. — Imprimerie de L. MARTINET, rue Mignon, 2.

www.ingramcontent.com/pod-product-compliance
Lightning Source LLC
Chambersburg PA
CBHW060523050426
42451CB00009B/1124